Preguntas y respuestas con Jesús
Curiosidades sobre la fe

Ricardo Regidor

Ilustrado por Natasha López

EDICIONES PALABRA

MADRID

© Ricardo Regidor, 2024
© Ediciones Palabra, S.A., 2025
   Paseo de la Castellana, 210 – 28046 MADRID (España)
   Telf.: (34) 91 350 77 20 – (34) 91 350 77 39
   www.palabra.es
   palabra@palabra.es
© Ilustraciones: Natasha López, 2024

Diseño y maquetación: Equipo editorial
ISBN: 978-84-1368-445-1
Depósito Legal: M-4360-2025
Impresión: Liberdigital
Printed in Spain - Impreso en España

Preguntas y respuestas con Jesús
Curiosidades sobre la fe

Ricardo Regidor

Ilustrado por Natasha López

Índice

1. ¿Quién es Dios? 7

2. ¿Cómo creó Dios el mundo? 17

3. Adán y Eva, nuestros primeros padres 23

4. ¿Cuántos ángeles hay? 29

5. Jesús y sus padres 35

6. ¿Qué hizo Jesús? 41

7. ¿Por qué tuvo que morir Jesús? 45

8. La Virgen nuestra madre 51

9. ¿Quiénes son los apóstoles? 57

10. Yo también puedo ser santo 61

11. Los sacramentos: confesión y eucaristía 67

12. La santa Misa 73

13. Cielo e infierno 79

14. ¿Por qué todos tenemos que morir? 89

Agradecimientos 93

1. ¿Quién es Dios?

1. ¿Cómo sabemos que Dios existe? (Carmen) / ¿Cómo se creó Dios? (Pablo) / ¿Por qué Dios se llama Dios? (María)

Podemos saber que Dios existe por la creación. Todo lo que vemos, el mundo entero, la tierra, los planetas... no ha podido crearse solo. Todo lo que existe necesita un creador, que ha sido Dios. Y a Dios nadie le ha creado porque existe desde siempre, es eterno. No es fácil de entender para las personas.

Además, Dios nos lo ha dicho en la Biblia y Jesús ha demostrado que es Dios por los milagros que hizo, y los apóstoles, que los vieron y fueron testigos, luego nos lo contaron. Fíjate si es importante la verdad de lo que nos dicen los apóstoles, que murieron mártires defendiendo esa verdad. Nadie muere por defender algo que sabe que es falso: mataron a los apóstoles por decir la verdad sobre Dios.

Dios es el nombre que usamos para nombrar al creador. Ya lo usaban así los antiguos filósofos. Quiere significar «creador», el que está por encima de nosotros, que nos cuida y protege continuamente.

2. ¿Por qué Dios es tres personas? (Celia) / ¿Dios y Jesús son la misma persona? (Nicolás) / ¿Qué significa en el nombre del Padre y del Hijo y del Espíritu Santo? (Elena)

Dios solo hay uno, pero no es un ser solitario, son tres personas:

- El Padre, de quien todo procede.

- El Hijo, que se ha hecho hombre para salvarnos y llevarnos al cielo.

- Y el Espíritu Santo, encargado de hacernos santos.

Y el Padre, el Hijo y el Espíritu Santo son un solo Dios, no tres. Este misterio es el más importante y lo llamamos el misterio de la Santísima Trinidad.

La segunda persona de la Santísima Trinidad es el Hijo. Como es Dios hecho hombre, tiene un nombre como todos los seres humanos. San José y la Virgen María le pusieron el nombre que el ángel les había dicho: **Jesús,** que significa 'Dios salva'.

Cuando nos hacemos la señal de la Cruz, recordamos el misterio de la Santísima Trinidad al decir: «En el nombre del Padre y del Hijo y del Espíritu Santo. Amén». De esta forma, Dios nos está protegiendo siempre.

3. ¿Por qué Dios se convirtió en hombre y no en mujer? (Martín)

Dios quiso hacerse una persona humana para salvarnos a todos: hombres y mujeres. Y quiso nacer de una mujer, como todas las personas del mundo. Esa mujer es la más importante de la historia, la Virgen María. En la Biblia podemos ver la importancia que Dios da a las mujeres: la Virgen; dos amigas de Jesús que se llamaban Marta y María; Isabel; Priscila; Dámaris; Rut; Judit; etc.

Podemos pensar en varias razones para entender que Dios Hijo eligiera hacerse chico:

- En la Biblia, Dios se muestra a sí mismo como Padre y creador, y parece más oportuno que Jesús fuera también chico porque es la imagen perfecta de Dios.

- Y también porque en el antiguo pueblo de Israel, el pueblo elegido, los reyes, los profetas y los sacerdotes eran varones. Y Jesús tenía esa misión.

4. ¿Por qué Dios envió a su hijo a la Tierra? (Santiago)

Dios nos quiere tanto que, cuando nuestros primeros padres, Adán y Eva, dejaron de confiar en Él y cometieron un pecado, Dios decidió que enviaría a su propio Hijo a la tierra para salvarnos.

Después del primer pecado, las demás personas siguieron haciendo el mal, acuérdate, por ejemplo, de Caín, que mató a su hermano Abel. Dios Padre fue preparando la venida de su Hijo durante mucho tiempo y nos avisó por medio de los profetas para que nos fuésemos preparando; nos dijo detalles como que nacería en Belén, en un pesebre, envuelto en pañales... Así los pastores y los magos de Oriente pudieron reconocerlo.

5. ¿Quién es el Espíritu Santo? (Lucía) / ¿Por qué el Espíritu Santo es una paloma blanca? (Daniela)

El Espíritu Santo es la tercera persona de la Santísima Trinidad. Pero que sea la tercera no indica que sea menos importante: es el mismo Dios.

El Espíritu Santo es nuestro defensor y el que nos hace santos. Para eso nos da toda la gracia por medio de los sacramentos. Y, si le dejamos, nos va haciendo cada vez más parecidos a Jesús.

El Espíritu Santo se ha mostrado con diversas formas, pero todas significan la gracia de Dios: a los judíos en el desierto fue en forma de nube que les daba sombra de día y luz de noche, también como paloma que se posa sobre Jesús señalando que es nuestro salvador, como fuego a los apóstoles para que tuviesen su fuerza y llevaran el Evangelio al mundo entero... El Espíritu Santo vive en nuestra alma en gracia y va actuando en nuestra vida.

6. ¿Por qué Dios nos quiere tanto? (Carlos) / ¿Jesús nos quiere a todos por igual? (Ana)

Somos los seres más queridos por Dios de toda la creación. Él ha creado a todos los seres vivos, a los animales, las plantas, las montañas, los planetas, a los ángeles, etc. ¿Y por qué nos quiere tanto? Porque somos sus hijos. Y los padres y las madres buenos quieren mucho a sus hijos. Fíjate si nos quiere, que pensó en cada uno de nosotros, nos amó, y entonces dejó que existiésemos. Luego, desde que somos bebés, nos ha seguido cuidando... y seguirá mostrándonos su amor siempre. Nos quiere tanto que ha creado un ángel de la guarda para cada persona.

Una madre o un padre quiere mucho a cada uno de sus hijos. A cada uno lo quiere muchísimo, pero de un modo personal. A una hija la quiere porque es muy buena, a otro hijo porque está un poco enfermo y necesita más ayuda... Así es Dios: nos quiere a todos, pero no en general. Nos quiere a cada uno infinitamente y de modo personal.

7. ¿Por qué Jesús ama también a los malos, como el demonio o los que roban, si hacen lo contrario de lo que Él quiere? (Fernando)

Cuando una niña se porta mal en casa o su hermano ha sido malo, sus padres les regañan para que aprenda a portarse mejor, pero no deja de quererle. Somos hijos de Dios. Cuando nos portamos mal, cuando pecamos, Dios se pone triste con nosotros, pero no deja de querernos. Es más, sabemos, porque lo dice en el Evangelio, que está esperando a que le pidamos perdón para amarnos mucho más.

Por otra parte, el demonio no ama a los malos. Los engaña y los utiliza para que hagan el mal y lo que quiere es apartarlos más de Dios y llevarlos al infierno. Y eso no es amarlos.

8. ¿Por qué Jesús quiere hablar con la gente? (Covadonga) / ¿Por qué Jesús habla tan tan tan bajito? (Lorenzo) / ¿Qué se puede hacer para poder escuchar a Jesús? (Valeria)

Jesús quiere hablar a la gente. Y lo hace de varias maneras:

- Nos habla en la Biblia, que es la Palabra de Dios;
- nos habla en la Eucaristía, desde el sagrario y cuando comulgamos;
- nos habla cuando rezamos;
- y nos habla en las demás personas, sobre todo en los enfermos, los necesitados...

Quiere hablarnos porque quiere mostrarnos el camino que nos lleva al cielo, porque quiere enseñarnos la verdad y quiere darnos la vida.

Sí, es verdad que Jesús habla bajito, y eso es así porque quiere que nos acerquemos a Él libremente, por amor. Si diera gritos, nos asustaríamos, seguro, y si nos «obligara» a escucharle, pues quizá no lo haríamos por amor.

Las personas santas, y ojalá nosotros intentemos serlo, saben oír a Jesús en las necesidades de quienes están a su lado; saben oírle cuando están rezando en la iglesia... Y le oyen porque habla en el fondo del alma: por ejemplo, cuando te das cuenta de que debes pedir perdón a mamá por algo que has hecho mal, cuando descubres que deberías ser más amable, cuando te dan ganas de rezar por los demás... entonces es Jesús hablándote bajito; dale las gracias y haz caso a lo que te pide.

9. ¿Dios tiene nuestra vida planeada? (Sofía) / ¿Por qué Jesús llama a la gente? (Luis)

Dios sí tiene nuestra vida planeada, porque quiere que todos se salven y lleguen al conocimiento de la verdad, que es Dios mismo.

Hace todo lo posible para que se cumpla su plan, y es un plan formidable: que seamos felices en la tierra y después en el cielo. Nos marca ese plan con los mandamientos y nos ayuda con los sacramentos. Ese plan se llama vocación. Y la vocación a ser santos es para todos, es universal.

Además, para cada persona tiene un plan mucho más concreto, que se sabe cuál es rezando y siendo muy amigo de Jesús; con confianza, porque los amigos se cuentan sus planes. Si nosotros queremos, podemos ser santos y ayudar a llevar el mensaje de Jesús a todos de distintas maneras: unas personas son santas trabajando en un banco o en una oficina, otros cuidando a su mujer e hijos, algunos como sacerdotes, otras preocupándose especialmente de los demás... Cuando sigues tu camino junto a Jesús, eres muy feliz, porque el Señor dispone todas las cosas para ayudarnos.

10. Si Dios sabe que algo malo va a pasar, ¿por qué no lo para? (Sofía) / Jesús, ¿por qué nos dejas hacer el mal? No lo entiendo (Pelayo) / ¿Cómo es que Jesús no se enfada con nadie? (Ydalia)

Lo más importante es saber que Jesús nunca quiere el mal. Por ejemplo, no quiere que una persona esté enferma, sufra un accidente o que alguien cometa un pecado, como mentir, robar o matar.

Fíjate que hay dos tipos de males. Los primeros son males físicos: una enfermedad o un accidente. Pueden parecernos malos, pero son cosas que suceden naturalmente. Aun así, Dios es tan bueno que aprovecha esos acontecimientos para sacar de ellos el bien: la persona acepta su enfermedad y se une más a Jesús, el accidente hace que esa persona recapacite y se arrepienta de cosas de su vida... Si aceptamos esas cosas cristianamente, Dios las convierte en bienes que nos acercan al cielo.

El otro tipo de males sí que son males reales: mentir, robar o matar son pecados y esos pecados nos separan de Dios, de los demás y nos dañan también a nosotros. Pero desde que Jesús murió en la Cruz, incluso a los que han hecho esos males, o cualquier otro pecado, Dios, que es tan bueno, puede perdonarlos y hacer que sirvan como arrepentimiento y acercarse más al Señor y al cielo.

Dios siempre está dispuesto a perdonarnos. Podemos decir que cuando hacemos un mal, cuando cometemos un pecado, a Dios le da pena, pero puede más el amor que nos tiene y desde ese instante está esperando que volvamos a Él y le pidamos perdón. Por eso, cada confesión que hacemos es una fiesta de Dios en el cielo.

11. Jesús, ¿por qué no te vemos? (Teresa) / ¿Por qué Jesús no se aparece a todos y solo a algunos? (Mario) / ¿Por qué Jesús no se aparece a todo el mundo? (Carmen) / ¿Por qué Jesús no viene a vernos en persona? (Ana)

Dios quiere que le mostremos cuánto le queremos con nuestra fe. La fe es creer en Dios y en lo que Él nos dice. Tenemos pruebas suficientes para saber que existe y que siempre está cuidando y amando a todas las personas. Sabemos que está a nuestro lado continuamente.

Prefiere hacerlo así, escondido, para que seamos nosotros, con nuestra fe y nuestro amor, quienes le descubramos. Así ese amor es más puro. Se puede decir que le gusta jugar al escondite, le gusta que tú le busques.

Es verdad que se ha aparecido a algunas personas, muy poquitas. Quizá es una pregunta que te puedes guardar para cuando le veas en el cielo: «¿Por qué no te apareces a todo el mundo?», para que te la responda. Lo que sabemos es que está presente en la

Misa, en el sagrario, en los que sufren, en los demás. No le vemos como vemos a nuestro compañero de clase, es verdad, pero con los ojos de la fe sí que podemos verlo.

12. ¿Jesús siempre te ve? (Guillermo) / ¿Cómo es que Jesús, la Virgen María y Dios pueden ver lo que hace cada persona, cada día? (Manuel)

Dios siempre lo ve todo. Es más, siempre está cuidándonos y amándonos. Dios es muy grande y tiene un corazón enorme, infinito, donde cabemos todos a la vez. En nuestro corazón caben unas cuantas personas, pero se puede hacer más grande, por ejemplo, si nace un nuevo hermano, también cabe, y un primo... Pues lo mismo, pero por infinito. Jesús, que es Dios y Hombre, sabe cómo nos sentimos, cuáles son nuestras alegrías y nuestras penas.

La Virgen María también puede vernos y oírnos si acudimos a Ella rezando y pidiéndole cosas. ¡Qué contenta se pondrá cada vez que rezamos un avemaría, el rosario con nuestra familia, el ángelus en el cole! Y nos ve y nos oye porque está muy cerca de su Hijo, Jesús, que es Dios.

13. Jesús, ¿no te cansas de repetir a todo el mundo que se porte bien? (Ainoa)

Esta pregunta es muy difícil de responder. Casi todas las demás preguntas de este libro están hechas para que las respondan personas que nos pueden enseñar cómo es Dios y cómo tenemos que amar a Dios. Pero esta pregunta, Ainoa se la hace directamente a Jesús. Así que yo intentaré decirte lo mismo que te diría Jesús. Él me ayudará.

Ainoa (también se lo digo a todas las niñas y niños del mundo): si tú supieras cuánto os quiero, que siendo Dios he querido hacerme también hombre para estar con vosotros; que me hice niño para aprender como un niño y obedecer a mis padres, María y José, y para que vieseis cómo tenéis que portaros; que me dejé insultar, pegar y morir en la cruz para poder perdonar todos vuestros pecados; que cuando resucité, me fui al cielo para prepararos el mejor lugar que existe y estar con vosotros eternamente... Sé que si os portáis bien, amando a Dios, amando a todas las personas y amándoos a vosotros mismos, vais a ser felices ahora y después en el cielo, donde os estoy esperando. Así que no, no me canso y no me cansaré nunca de pediros que seáis buenos, que os portéis bien. Yo os ayudaré siempre. Ainoa (y todos los que leáis este libro): tenéis que ser santos como Dios Padre es santo. Nos vemos en Misa, nos vemos en el cielo.

14. ¿Por qué hay veces que Jesús no te da suerte? (Alba) / ¿Por qué Jesús no hace un milagro que le pido? (Miranda)

Jesús siempre nos ayuda, pero a veces no como a nosotros nos gustaría. Quizá no lo entendamos ahora. Ya nos lo explicará Él mismo en el cielo.

Cuando pedimos un milagro, san Agustín dice que hacen falta tres cosas:

- Pedir algo que sea bueno.
- Pedirlo bien.
- Que nosotros seamos buenos.

Mira a ver si cumples las tres condiciones. La oración siempre es eficaz. Si aun así parece que no se cumple el milagro, puede que Jesús tenga previsto un plan distinto al que le estamos pidiendo. Entonces tenemos que decirle: «¡Hágase tu voluntad en la tierra como en el cielo!». Y aceptar lo que Él quiera. Sentiremos entonces una gran alegría y una paz inmensa.

2. ¿Cómo creó Dios el mundo?

15. ¿Cómo es posible crear el mundo? (Alejandra)

Para ti y para mí es imposible crear algo que no existía. Quizá podemos hacer dibujos, pulseras, figuras... pero usamos cosas que ya existen, como el papel, las pinturas, la arcilla... Dios, porque es Dios, es «omnipotente», que quiere decir que lo puede todo, no necesita de nada para crear lo que quiere. Tenemos experiencia de que el mundo existe, por lo tanto, fue posible para el único que podía hacerlo: Dios.

Antes de la Creación solo existía Dios omnipotente, después de la Creación existieron muchísimas criaturas y... en medio, ¿qué? Esa es otra pregunta, quizá en medio fue ¡el Big Bang! El momento en que Dios creó la materia, el espacio y el tiempo.

Pero se puede explicar de una manera más sencilla: *Dios eterno eligió el primer momento, elevó su mano derecha, dio un chasquido con los dedos y afirmó: ¡Ya!* Entonces, una energía tremenda se concentró en un punto y se expandió, fueron formándose distintas criaturas: luz, día, noche, firmamento, agua, cielo, tierra, mar, plantas, sol, luna, estrellas, peces, aves, ganados, reptiles y, por fin, Adán y Eva.

Estoy seguro de que agradeces a Dios este mundo maravilloso y que le has prometido que vas a cuidarlo. El Papa Francisco escribió una carta a todos los habitantes del planeta Tierra para animarnos a mimar esta casa común y alabar a Dios.

16. ¿Cómo se le ocurrió a Dios crear la tierra? (Santiago) / ¿Por qué Dios creó la tierra? (Rebeca)

Alejandra y Rebeca deben de ser muy amigas porque hacen preguntas parecidas y muy interesantes sobre la ocurrencia divina de crear la tierra. Hay un sacerdote que ha escrito un libro en el que dice que Dios creó la Tierra pensando en poner un portal de Belén para el nacimiento de Jesús. Y pensó en el cielo estrellado como adorno, y las montañas y los animales y los pastores...

La respuesta a esta pregunta es la siguiente: «Dios es todopoderoso, sabio, alegre y muy feliz, superfelicísimo y, como la felicidad es supercontagiosa, desea contagiar su bondad. El Padre, el Hijo y el Espíritu Santo son muy felices amándose y decidió crear la tierra para que hubiese muchas criaturas contagiadas de felicidad y amor. Así que la tierra es fruto del cariño y de la "imaginación" de Dios, que lo hace todo muy bien». Gracias, Señor, porque nos has querido y has podido crearnos.

17. ¿Quién nos dio la vida? (Aitana)

En la Biblia se dice: «El Señor Dios modeló al hombre del polvo del suelo e insufló en su nariz aliento de vida; y el hombre se convirtió en ser vivo» (*Gn* 2, 7).

Dios sopló en una materia que ya había creado y nos dio la vida, no solo como a los animales, a Adán y Eva les dio también una vida sobrenatural, pero ellos la perdieron por desobedientes. Nosotros tenemos alma y cuerpo gracias a Dios y a nuestros padres. Tus padres colaboraron con Dios para formar tu cuerpo y Dios infundió un alma en ese cuerpecito para tener una vida natural. La vida sobrenatural la recibiste en el bautismo; Dios te perdonó el pecado original, te hizo hija suya y comenzaste a pertenecer a la Iglesia.

Si cometes un pecado mortal, pierdes esa preciosa vida; pero la puedes recuperar con otro sacramento, la confesión, y puedes recibir el Pan de Vida, que es Jesús. Muchos cristianos comulgan todos los domingos y algunos reciben el Pan de Vida también entre semana. ¡Qué maravilla!

18. ¿Cómo creó Dios el mundo sin pecado? (David)

Dios lo hace todo muy bien, y cuando creó el mundo, le salió muy bien, una obra de arte. Dice la Biblia que el día sexto, después de crear todo el mundo: «Vio Dios todo lo que había hecho, y era muy bueno» (*Gn* 1, 31). ¿Y sabes lo que hizo Dios al día séptimo?: «Descansó de toda la obra que Dios había hecho cuando creó» (*Gn* 2, 2). Yo me lo imagino como satisfecho y contemplando todo lo que había creado. Sin embargo, a causa del hombre, de nuestros primeros padres, entró el pecado, que es como una superchapuza gigantesca.

19. ¿Por qué Dios le puso color azul al cielo? (Bosco)

Dios pensó que el color azul es el más bonito para el cielo de la Tierra. Hay miles de cielos en otros planetas y satélites; los astrónomos con sus potentes telescopios observan otros cielos de distintos colores, algunos invisibles para nuestros ojos.

Dios en su ahora eterno sabe que a ti y a tus amigos os atrae el azul celeste y, por eso, se me ocurre esta explicación: *el Creador os quiere mucho y sabe que el azul os gusta mucho y espanta los miedos.*

¡Ah!, otra cosa, el cielo, sobre todo al atardecer, se viste de preciosos colores: azul verdoso, anaranjado, rojo, amarillo... Mi abuela me enseñaba ideas muy bonitas relacionadas con la meteorología:

- Cielo rojizo al atardecer: la Virgen está planchando.
- Gris muy oscuro: Dios va a regar las plantas.
- Truenos: los ángeles juegan a los bolos.
- Relámpagos: celebran un cumpleaños con fuegos artificiales.

20. ¿Por qué creó Dios también la guerra? (Ricardo)

Dios lo hizo todo muy bien, y nos dejó a las personas que cuidáramos el mundo. Como tenemos el pecado original, nos entran las envidias, los rencores, nos portamos mal, no sabemos perdonar, etc. Así que Dios no creó la guerra, la hemos creado los hombres. Con todas las cosas buenas que podemos hacer, y nos da por pelearnos unos contra otros. Es un poco como en tu casa, si tienes algún hermano, que también te peleas. Y sabes que es mejor no enfadarse y pedirse perdón y todo queda arreglado.

En la Biblia se nos cuenta la primera pelea entre hermanos, que acabó muy mal. La pelea entre Caín y Abel, que fue fruto de la envidia, un pecado bastante feo. Para evitar la envidia, tenemos que alegrarnos de las cosas buenas de los demás e intentar solucionar las malas.

3. Adán y Eva, nuestros primeros padres

21. ¿Por qué Dios decidió llamar a las primeras personas Adán y Eva? (Sasha)

Los nombres antiguamente tenían mucha importancia, y todos tenían un significado. Ahora casi se nos ha olvidado lo que significan nuestros nombres. Por ejemplo, Sasha, quien hace la pregunta, seguramente no sabrá lo que significa el suyo: 'defensora de indefensos'.

El nombre de Adán se le ocurrió a Dios porque el primer hombre fue 'sacado de la tierra', como dice la Biblia; eso es lo que significa ese nombre. Pero el nombre de Eva se le ocurrió a Adán, así lo cuenta la Biblia, que nos da su significado: «Adán llamó a su mujer Eva por ser la madre de todos los vivientes» (*Gn* 3, 20).

22. ¿Por qué Adán y Eva nacieron mayores? (María) / ¿Cómo se llaman los padres de Adán y Eva? (Alba)

La Biblia lo dice con mucha claridad: «Entonces el Señor Dios modeló al hombre del polvo del suelo e insufló en su nariz aliento de vida; y el hombre se convirtió en ser vivo» (*Gn* 2, 7). Y: «el Señor Dios formó, de la costilla que había sacado de Adán, una mujer, y se la presentó a Adán» (*Gn* 2, 22). Dios es el padre de Adán y Eva, es su Creador, y los quería (como a todos nosotros) muchísimo más que todas las mamás y las abuelas del mundo juntas.

Pero en la Biblia no se dice nada sobre la edad o la estatura de Adán y Eva; no se puede decir que nacieran, sino que Dios los creó. Así que no sabemos qué edad tenían Adán y Eva cuando Dios los creó. Es verdad que la mayoría de la gente, sobre todo los pintores, creen que Dios los hizo mayores. Pero también hay alguna otra persona que piensa que Dios los creó niños, y afirman que cuando se hicieron mayores, la fastidiaron. Es una opinión bastante aceptable pues, con mucha frecuencia, los mayores cometen pecados más gordos que los peques y desobedecer a Dios es un pecado gordísimo.

23. ¿Por qué Dios creó primero al hombre y no a la mujer? (Ainara)

Dios no es machista por haber creado primero a Adán ni las mujeres se deben sentir soberbias porque Dios eligió a la Virgen María para ser su madre.

Dios también quiso que su hijo se hiciera hombre, Jesús, que vino a la tierra para arreglar el desastre ocasionado por nuestros primeros padres. Digamos que fue un segundo Adán que dio comienzo de nuevo a todo, por eso podemos decir que primero fue el hombre. Pero también hay algunas personas que dicen que en la Biblia podemos leer que Dios va creando primero lo más simple, los planetas, el agua... Luego lo más perfecto, las plantas, los animales... Luego lo más perfecto, el hombre... Y, al final, lo más perfecto de todo, la mujer.

24. ¿Por qué Adán y Eva hicieron caso a la serpiente en vez de a su Padre Dios? (Santiago)

Esto es algo que nos preguntamos todos, y ahora que ha pasado mucho tiempo, pensamos que no fueron muy listos Adán y Eva... Pero también es verdad que tú y yo también nos equivocamos y no hacemos caso a nuestros padres, o a Dios. Si es que tampoco somos muy listos.

Dios ha querido que tanto Adán y Eva como nosotros seamos libres, y ser libres quiere decir que nos podemos equivocar. Adán y Eva usaron muy mal su libertad y comieron del fruto prohibido.

Eso sí, Dios perdonó la desobediencia de Adán y Eva y les prometió que vendría una persona, Jesús, que arreglaría su pecado. Jesús fue siempre obediente a lo que le decía su Padre, hasta morir en la cruz por nosotros.

25. ¿Por qué la serpiente quiso que Eva comiera del fruto? (Celia)

El demonio está continuamente enfadado, amargado, triste y con muchas ganas de fastidiar, especialmente a los humanos, que son las criaturas a las que más quiere Dios; por eso, deseaba que comiesen el fruto los dos, Adán y Eva. Para fastidiarles, para que desobedecieran a Dios.

Un día, el diablo se disfrazó de serpiente para engañar a nuestros primeros padres y sigilosamente se arrastró en su busca. Encontró a Eva, que estaba tan guapa y alegre como siempre... Y ya conoces la historia: comió ella el fruto prohibido, le dio a Adán, y el diablo se quedó tendido en la hierba saboreando su triunfo.

Dios contempló el desastroso espectáculo y castigó a los tres, pero, como es infinitamente bueno, dijo a la serpiente que un descendiente de la mujer le aplastaría la cabeza: Jesús, hijo de María, sería nuestro Redentor.

26. ¿Por qué Dios no perdonó a Adán y a Eva? (Sara)

Dios sí que los perdonó, pero el primer pecado tuvo sus consecuencias, por ejemplo, Adán y Eva tuvieron que dejar el paraíso terrenal, al que también se le llama Jardín del Edén. Y muchas otras cosas... Es el pecado original, que lo heredamos todos los hombres, menos la Virgen.

Dios tenía muchas ganas de borrar todas esas consecuencias y de que se abrieran las puertas del cielo de nuevo. Tuvieron que pasar muchos años hasta que vino Jesús, que dio su vida por nosotros para perdonarnos. Cargó con todos los pecados de todos los hombres de todos los tiempos, porque Jesús es Dios y Hombre verdadero.

Jesús nos dio los sacramentos, como el Bautismo, que deja nuestra alma como los chorros del oro, sin pecado original... Y la confesión, que perdona los pecados que cometemos.

27. ¿La serpiente de Adán y Eva tenía patas? ¿Por qué Dios le dijo a la serpiente que se iba a quedar sin patas? (Fernando)

Esta es una pregunta muy original, de verdad. Es verdad que en la Biblia, Dios le dice a la serpiente que, como castigo, tendría que deslizarse sobre su vientre y que comería polvo... Quizá antes sí que tenía patas, pero no lo sabemos. Te pongo aquí lo que dice la Biblia: «Por haber hecho eso, maldita tú entre todo el ganado y todas las fieras del campo; te arrastrarás sobre el vientre y comerás polvo toda tu vida» (*Gn* 3, 14).

Algunas personas piensan que la serpiente era un disfraz del demonio y que, estando su cabeza a ras del suelo, le resultaba más fácil a la Virgen aplastársela y traernos a Jesús, el Salvador.

28. ¿Cuántos años tuvieron Adán y Eva? (Rodrigo)

Pues mira, antes de cometer el pecado original, Dios había hecho a Adán y Eva, y a todos los hombres con ellos, inmortales, es decir, que nos libró de la muerte. Pero con el pecado vino también la muerte, esa fue otra de las desagradables consecuencias que tuvo. Desde ese momento también sufrimos dolores:

de cabeza, de oídos, de muelas, de estómago, por la gripe o por una patada en la espinilla...

La Biblia dice que Adán vivió muchos años antes de morir; por ejemplo, tuvo su hijo a los ciento treinta años. Y dice que vivió en total 930 años. Parecen datos increíbles, verdad, pero pueden tener una explicación. Hay algunas personas que dicen que no hay que olvidar que la Biblia está escrita hace mucho tiempo, y antes quizá se contaban los años de otra manera, por ejemplo, los años lunares... Entonces Adán habría vivido unos 30 años. También puede ser que el autor de la Biblia eligió esa edad para manifestar de una manera muy elegante que Adán estuvo muy arrepentido de su pecado y fue muy bueno. De la edad de Eva podemos pensar que las mujeres suelen vivir más que los maridos...

29. ¿Cuántos ángeles hay? (Elena) / ¿Cuántos ángeles hay en el cielo? (Yeva)

Hay tantos ángeles que casi no se pueden contar, son incalculables, son miles de millares. En la Biblia aparecen ángeles de diversos tipos con misiones diferentes. Además, todos los cristianos tenemos un ángel de la guarda que nos cuida... eso hace pensar que son infinitos, pero no lo son: Dios ha creado un número de ángeles que solo Él conoce.

30. ¿Cómo se llaman los ángeles? (Mady)

Como hay tantos ángeles, es difícil escribir y conocer todos los nombres, que solo Dios conoce. Los nombres más conocidos son los de los tres arcángeles, es decir, los ángeles más importantes: Miguel, Gabriel y Rafael.

Como ya sabes, cada persona tiene un ángel de la guarda y hay gente que le ayuda el ponerle un nombre para acordarse de él y llamarle cuando lo necesita. San Josemaría, por ejemplo, le llamaba «relojerico», porque le había pedido a su ángel el favor de arreglar su reloj, y lo arregló.

Además del nombre de cada uno, hay distintos tipos de ángeles (se llaman jerarquías de ángeles):

- Los serafines son los que están más cerca de Dios. Puedes imaginarlos en la consagración cerca del altar, cuando Jesús baja al pan... seguro que están cantando el «Santo, santo, santo».

- Los querubines aparecen por primera vez en la Biblia como guardianes del paraíso. Les puedes pedir ayuda para no ofender a Jesús.

- Los arcángeles tienen una misión especial en la historia: Rafael acompañó a Tobías, Gabriel anunció a la Virgen que iba a nacer Jesús y Miguel lideró la batalla contra el demonio.

Puedes pedirles que te ayuden cuando tienes una misión importante que llevar a cabo.

- Los ángeles de la guarda. Cada uno tenemos uno que nos ayuda. Es muy bueno que pienses que lo tienes a tu lado, que le pidas cosas, incluso que juegues con él. ¡No le olvides nunca!

- Y muchos más tipos de ángeles: los tronos, los principados... y también los ángeles caídos: los demonios, que no quisieron obedecer a Dios y desde entonces se dedican a tentar a los hombres hacia el mal.

31. ¿Por qué Dios mandó un ángel para cuidarnos? (Carmen) / ¿Cómo sabemos cuál es nuestro ángel? (Theylin)

Desde que Adán y Eva cometieron el pecado original, y entró el pecado en el mundo, todo se estropeó. A los hombres y a las mujeres nos empezó a costar portarnos bien porque estamos heridos por el pecado, pero Dios es tan bueno que creó para cada uno de nosotros un ángel para que nos cuide, nos proteja y nos ayude a ir al cielo.

Sabemos cuál es nuestro ángel porque desde que nacemos siempre está a nuestro lado, nunca se separa de nosotros.

Vemos en el Nuevo Testamento cómo los ángeles acudían a ayudar a los apóstoles... podemos pensar que eran sus ángeles de la guarda que les auxiliaban en el peligro. Por ejemplo, esto dice la Biblia: «Prendieron a los apóstoles y los metieron en una prisión pública. Pero un ángel del Señor abrió de noche las puertas de la cárcel y los sacó» (*Hch* 5, 19).

Al igual que a los apóstoles, Dios nos manda un ángel que nos cuida en el peligro. Pero no hay que esperar a estar en la cárcel como san Pedro para pedirle ayuda o confiar en él. Nos puede ayudar a estudiar mejor, a ser más obedientes, a no distraernos cuando rezamos... Y también le gusta mucho jugar contigo y pasárselo bien. Es muy difícil saber cuál es nuestro ángel físicamente... pero le conocerás mejor cuanto más le trates.

Una vez le preguntaron a Jesús quién era el mayor en el Reino de los Cielos; él contestó que teníamos que ser como niños para entrar en el Reino de los Cielos... y dijo también: «os digo que sus ángeles (los de los niños) en los cielos están viendo siempre el rostro de mi Padre» (*Mt* 19, 10). ¿Te lo imaginas? ¡Tu ángel de la guarda está viendo a Dios en este momento!

32. Si alguien va al infierno, ¿su ángel de la guarda también va? (Fernando)

Si alguien tiene la desgracia de ir al infierno, su ángel no le podrá acompañar porque en el infierno no está Dios y se está muy muy mal. Los ángeles siempre están cerca de Dios. Sin embargo, si tenemos que ir al purgatorio, Dios permite a los ángeles visitar y dar alivio y ánimo a los que están allí.

33. ¿Por qué los ángeles están solo en el cielo y no en la tierra? (María)

Los ángeles no solo están en el cielo, también están en la tierra con los hombres. Si recuerdas las historias del Antiguo Testamento, Dios mandaba ángeles a la tierra a menudo para ayudar a su pueblo: A Moisés: «Enviaré delante de ti un ángel» (*Ex* 33, 1). A Tobías: «Dios me ha enviado para curarte... Yo soy Rafael, uno de los siete ángeles que servimos y estamos presentes en la gloria del Señor» (*Tb* 12, 14-15). Y hay muchas historias de santos que han notado la presencia y la acción de sus ángeles de la guarda en la tierra. Es otro misterio: nuestros ángeles de la guarda pueden estar alabando a Dios en su presencia y ayudándonos a nosotros en la tierra al mismo tiempo.

34. ¿Los ángeles mueren? (Lucía)

Los ángeles son inmortales, eso quiere decir que son eternos y no morirán nunca. Cuando nosotros nos muramos, seguramente nos acompañarán en nuestro camino al cielo y (como saben bien el camino) nos llevarán a la presencia de Dios. En ese momento les conoceremos tal y como son... A lo mejor, también es nuestro ángel de la guarda el que nos lleve en el cielo a ver a la Virgen María y a los santos, el que nos explique lo que tenemos que hacer, etc.

35. ¿Por qué los ángeles son chicos? (Mía)

Los ángeles no son ni chicos ni chicas. Son espíritus puros, que quiere decir que no tienen cuerpo. A menudo los artistas o ilustradores los han hecho más parecidos a los chicos, pero no significa por eso que sean chicos. Igual que no tienen que ser rubios o regordetes... son espíritus y como tal no son como los dibujamos a veces.

36. ¿Por qué Dios les dio a los ángeles una sola oportunidad? (Alejandro)

Dios también ha hecho a los ángeles libres, como nosotros; eso quiere decir que lo mismo que algunas personas eligen apartarse de Dios, algunos ángeles también lo eligieron. Ellos son tan tan tan listos que con una sola oportunidad era suficiente. Nosotros necesitamos toda esta vida en la tierra para poder hacernos dignos de ir al cielo.

Los ángeles ven cara a cara a Dios, y sabían que, si se alejaban de Dios, sería para siempre, y si querían estar cerca de Dios, lo estarían para siempre. Aun así, muchos prefirieron seguir a Lucifer, que se rebeló contra Dios, no quería obedecerle.

A las personas, que somos seres más imperfectos, Dios nos da muchísimas oportunidades; y nos regaló el sacramento de la Penitencia para empezar de cero cuando nos equivocamos y caemos. Nosotros todavía no vemos a Dios cara a cara, pero contamos con el regalo de la fe, y es una fe libre. Por eso podemos escoger cada día a Dios y tenemos tantas oportunidades de encontrarle.

37. ¿En el cielo hay ángeles bebés? (Mía)

Los ángeles, como no tienen cuerpo, no son ni bebés ni jóvenes ni ancianos, todos los ángeles son iguales, espíritus puros. Algunos artistas los pintan como bebés regordetes, porque quieren expresar la idea de su inocencia, de su pureza, de su alegría, etc.

38. ¿Por qué María es la reina de los ángeles? (Dulce)

María es la reina de los ángeles porque es la madre de Dios, y Dios la ha nombrado reina de todo lo que ha creado, y como Dios creó a los ángeles, ha nombrado a nuestra madre la reina de los ángeles.

Desde la anunciación, cuando el arcángel san Gabriel se le apareció y le anunció que sería la madre de Dios, la Virgen María contaría con unos ángeles alrededor que la cuidaban especialmente, al tener con ella siempre a Jesús como madre suya. Seguramente, los ángeles quedarían alucinados con ella, la querrían tantísimo que ya no querrían dejarla nunca, y Dios les permitió acompañarla. Fueron los ángeles los que se llevaron a la Virgen al cielo en cuerpo y alma. Y al entrar María al cielo y ser nombrada reina por la Trinidad, automáticamente los ángeles la tomaron como reina. En el Apocalipsis (un libro de la Biblia) se cuenta como la Virgen, con los ángeles, aplastó al demonio y, con ellos, lo venció.

5. Jesús y sus padres

39. ¿Por qué Jesús se llama Jesús? (Kevin) / ¿Qué significa el nombre de Jesús? (Martín)

El nombre de Jesús es anunciado a su madre María por el ángel Gabriel, quien hace de portavoz del deseo de Dios. Le dice: «Concebirás en tu vientre y darás a luz un hijo, y le pondrás por nombre Jesús» (*Lc* 1, 31). El nombre «Jesús» proviene de una palabra del hebreo (el idioma que se hablaba en la tierra donde vivía la Sagrada Familia): «Joshua», que significa 'Dios salva'. Y claro, ahora te preguntarás que de qué nos tiene que salvar. Pues pon atención, porque es algo importante: del engaño que nos lleva a confundir el bien con el mal.

Jesús nos salva porque nos conduce a la felicidad por el único camino que lleva directo a ella: hacer el bien. Por desgracia, muchos van a decirte que lo importante son otras cosas. Y ahí viene el engaño. De eso nos salva Jesús y por eso es tan importante que le sigamos. Por eso, el nombre de Jesús, que se lo ha puesto el mismo Dios, es venerado en todo el mundo como símbolo de felicidad y de verdad.

40. ¿Jesús es nuestro hermano? (Andrés)

Jesús es Dios. Y, siendo Dios, a la vez, se hace humano para darnos toda una lección. Si Dios, que es grandísimo y todopoderoso, se hace hombre (se «encarna», toma nuestra carne), nos está diciendo que lo importante no es el poder, sino la humildad: que viene a servir, no a ser servido (*Mt* 20, 28). Claro que Jesús es nuestro hermano, más bien es nuestro «hermano mayor», y también nuestro modelo. Él es como nosotros en todo, menos en el pecado, pues en él no hay pecado. Nos da su luz con sabiduría como un buen hermano que vela por sus hermanos más pequeños.

41. ¿En qué año nació Jesús? (María Elena)

Nosotros contamos los años a partir del nacimiento de Jesús, que decimos que es el año cero. Por eso, si estamos en el año 1500, por ejemplo, quiere decir que Jesús nació hace 1.500 años. Si estamos en el 2025, quiere decir que Jesús nació hace 2.025 años. Hay otros pueblos que vivieron antes de Jesús, por eso se dice, por ejemplo, que los faraones antiguos que hicieron las pirámides vivieron en el año 2000 antes de Cristo.

Como de esto hace mucho tiempo, no sabemos exactamente la fecha y el día en que nació, en aquella época no había periódicos, pero los expertos se han acercado mucho al año que nació Jesús.

42. ¿Qué pasaría si Jesús no hubiera nacido? (Marta)

Para responder a esta pregunta hay que usar la imaginación, pero no hay una respuesta correcta. Podemos pensar que, si Jesús no hubiera nacido, quizá seguiríamos esperándolo, seguiríamos esperando la Buena Noticia. Seguro que, si no hubiera nacido, estaríamos mucho peor porque nos faltaría toda su luz y todo el mensaje que nos ha dado. Sí, si no hubiera nacido Jesús, estaríamos mucho más tristes.

43. ¿Por qué Jesús nació en un establo? (Patricio)

Con el nacimiento de Jesús, Dios lanza un mensaje al ser humano sobre cómo es Él mismo. Y lo hace rompiendo algunas ideas que podíamos tener los hombres: si Dios es Dios, es decir, el creador de todo, el Ser más poderoso... ¿cómo va a hacerse un niño pobre y humilde? ¿En un establo? ¿Estamos locos o qué? Pues no, no estamos locos. Simplemente, Dios quiere decirnos que su Reino es para los sencillos y humildes. Y naciendo en un establo, nos da una lección a todos para que no se nos olvide.

44. ¿Por qué Jesús no tuvo un hermano? (Mateo)

Dios quiso que fuera así, y María no tuvo más hijos. Así sabemos que María dedicó su vida totalmente a Dios y a Jesús. Jesús no tuvo hermanos, pero sí tuvo muchos primos y familiares con los que jugar. Antes a los primos se les llamaba hermanos (como ahora decimos: este es mi primo hermano), y en la Biblia nos habla de esos familiares. Jesús vivió en una familia feliz y conoció la felicidad de querer y jugar con muchos amigos y familiares.

45. ¿Es verdad que Jesús cuando era pequeño se escapó? (Carmen)

La Biblia dice que estuvo perdido, pero no se escapó. Lo cuenta el Evangelio de san Lucas (*Lc 2, 41-52*) en el episodio que se llama «Jesús perdido y hallado en el Templo». Te lo cuento:

Cuando Jesús tenía unos 12 años, él y sus padres, María y José, fueron a Jerusalén a celebrar la fiesta de la Pascua, algo que hacían todos los años. Para llegar a Jerusalén había que caminar varios días. Al terminar la fiesta, comenzaron a regresar a casa, pero sin darse cuenta, Jesús se quedó atrás en Jerusalén. Sus padres pensaban que estaba con ellos y, al ver que no, regresaron preocupados para buscarlo. Después de tres días, lo encontraron en el templo, hablando con los maestros y haciendo preguntas. Todos estaban asombrados por sus respuestas. Cuando María le preguntó por qué se había quedado, Jesús respondió que debía ocuparse de los asuntos de su Padre, refiriéndose a Dios. Este hecho nos muestra lo importante que era para Jesús su relación con Dios y su misión. Sus padres no lo esperaban, pero aquello fue un mensaje para ellos y para el mundo entero sobre quién era Él y cuál era su misión.

46. ¿Jesús ha tenido alguna vez una rabieta? (Sofía)

A Jesús le molestaban las injusticias y actuó en algunas ocasiones con rotundidad, pero siempre buscando el bien. No se puede considerar que Jesús tuviera rabietas, pero sí mostró que tenía carácter cuando veía alguna injusticia.

De pequeño no conocemos ninguna historia, pero de mayor, el Evangelio de san Marcos (*Mc* 11, 15-17) nos cuenta que un día expulsó a los mercaderes que tenían sus negocios dentro del Templo, es decir, dentro de la casa de Dios. Dice que les tiró las mesas y los expulsó de allí con fuerza. Quería defender la santidad de aquel lugar y recordar que a Dios hay que adorarle, y a veces para eso hace falta tener fuerza y convicción.

47. ¿Jesús conseguía de pequeño lo que quería? (Santiago)

Jesús era ante todo obediente. En la Biblia, san Lucas nos cuenta que desde pequeño obedecía a sus padres, María y José, y vivía con ellos aprendiendo y creciendo (*Lc* 2, 51). Jesús siempre quiso cumplir con lo que Dios había planeado, y el modo de obedecer en primer lugar a sus padres nos enseña a confiar en las personas que quieren nuestro bien y, al final, en el mismo Dios.

Jesús fue obediente porque esa era una parte fundamental de su misión. La obediencia de Jesús significaba hacer siempre la voluntad de Dios Padre, incluso cuando era difícil o doloroso. Gracias a eso, nos enseñó cómo se puede vivir de una manera que agrade a Dios y que sea ejemplo para los demás. Jesús sabía que la voluntad de Dios era siempre para el bien, y por eso confiaba plenamente en Él.

48. ¿Cuál es el apellido de Jesús? (Mady, Yeva) / ¿Por qué nadie sabe el apellido de Jesús ni el de la Virgen? (María)

Pues mira, puede decirse que el apellido de Jesús es: «De Nazaret». Pero ojo, llamar a Jesús como «Jesús de Nazaret» no es un nombre y apellido como lo entendemos hoy en día y que aparece en nuestro carnet de identidad. «De Nazaret» quiere decir la ciudad de donde venía Jesús. Así era como se llamaba a las personas en la época de Jesús: por su lugar de origen o por el nombre de su padre. Jesús era conocido como «Jesús de Nazaret» porque vivía allí junto con su familia, aunque su lugar de nacimiento fue Belén. Algunos también le conocían, sobre todo los de su pueblo, como «Jesús el hijo de José» o «Jesús el hijo del carpintero».

En la Cruz, cuando Jesús murió, tenía un cartel que decía lo siguiente: «Jesús de Nazaret, Rey de los Judíos».

6. ¿Qué hizo Jesús?

49. ¿Por qué Jesús se bautizó de mayor? (Cristina)

Cuando Jesús se bautizó, no era un bautismo como el que entendemos ahora (sacramento que limpia el pecado original y te hace hijo de la Iglesia), era un bautismo de conversión para todos los que acudían a él. San Juan Bautista, el primo de Jesús, fue el que le bautizó. Y antes de bautizarle, decía a otras personas: «Yo os bautizo con agua para que os convirtáis; pero el que viene detrás de mí es más fuerte que yo [...]. *Él os bautizará* con Espíritu Santo [...]» (*Mt* 3, 11). Jesús se bautizó para mostrarse como uno más y para darle sentido al bautismo.

Lo otro que ocurrió es que, cuando le bautizó, pasó una cosa sorprendente: «Se abrieron los cielos y vio que el Espíritu de Dios bajaba como una paloma y se posaba sobre él. Y vino una voz de los cielos que decía: "Este es mi Hijo, el amado, en quien me complazco"» (*Mt* 3, 16-17). Con esta aparición de Dios Padre (hablando) y Dios Espíritu Santo en el bautismo de Jesús, nos demuestran que el Bautismo es algo muy importante: un sacramento en el que la Santísima Trinidad está presente para acogernos. Todo esto nos lo cuenta san Mateo en su evangelio.

50. ¿Jesús también tenía dificultades para lo que quería hacer? (Antonio)

Jesús era perfecto Dios y perfecto hombre, igual a nosotros menos en el pecado, pues Jesús no pecaba. Pero eso no le quitó dificultades en la vida, como nos pasa a nosotros... Por ejemplo, cuando quería que sus apóstoles y amigos le entendiesen y ayudasen, a veces no lo conseguía. O a veces estaba tan preocupado que no podía dormir. O, por ejemplo, las personas que no le querían o no le entendían, le ponían muchas dificultades para vivir tranquilo.

51. ¿Cómo curaba Jesús a los enfermos? (María Nicole)

Jesús curaba a los enfermos con la fe del que se lo pedía. ¿Pensabas que era con su superpoder? Claramente, Jesús era Dios y, como tal, todopoderoso. Pero lo que siempre quiso necesitar para curar a los enfermos fue que creyeran en que Él les curaría. Lo dijo muchas veces en los milagros... mira cuántas veces:

«Al ver Jesús la fe de ellos, le dijo al paralítico: "¡Ánimo, hijo!, tus pecados te son perdonados [...]. Levántate, coge tu camilla y vete a tu casa» (*Mt* 9, 2-6). Esto se lo dijo a un hombre que no podía andar y a quien curó.

«Hija, tu fe te ha salvado. Vete en paz y queda curada de tu dolencia» (*Mc* 5, 34). Esto se lo dijo a una mujer que tenía muchas pérdidas de sangre tras curarla.

«No temas, tan solo ten fe» (*Mc* 5, 36). Esto se lo dijo a Jairo antes de resucitar a su hija que había fallecido...

Y hay muchos ejemplos más: Jesús cuenta con la fe de las personas para curarlas, pero, sobre todo, aprovecha esas ocasiones para perdonarles los pecados. Pues ellos acuden con dolencias en el cuerpo y también en el alma. Y con ese perdón de los pecados (igual de difícil que la curación) les da la paz que verdaderamente necesitan.

52. ¿Por qué Jesús limpió los pies de los apóstoles? (Fernando)

Jesús, justo antes de morir, antes de cenar con sus amigos, hizo algo sorprendente: les limpió los pies a todos. Ese era un trabajo propio de los esclavos y Pedro no entendió por qué lo hacía, por eso le dijo a Jesús: «No me lavarás los pies jamás» (*Jn*

13, 8). Pero al final Jesús le convenció y se los dejó lavar como todos.

Jesús mismo explicó por qué lo hacía: «Si yo, que soy el Señor y el Maestro, os he lavado los pies, vosotros también debéis lavaros los pies unos a otros. Os he dado ejemplo para que, como yo he hecho con vosotros, también lo hagáis vosotros [...]» (*Jn* 13, 14-19).

¿Eso quiere decir que tenemos que ir lavando los pies a todo el mundo? No exactamente... Lo que Jesús hizo fue enseñarles que nos teníamos que querer y cuidar entre nosotros como Él les había querido y cuidado. Nos enseñó a todos (cuando habla a los apóstoles nos habla a nosotros) que, sirviendo a los demás, les estamos amando. Cuidando a todos, imitamos y queremos a Jesús.

7. ¿Por qué tuvo que morir Jesús?

53. ¿Por qué los romanos mataron a Jesús? (Luis) / ¿Algunos judíos eran buenos? (Paula)

Curiosamente, aunque los romanos mataron a Jesús, fueron algunos judíos los que les obligaron a hacerlo. Les hicieron creer que era mala persona. Algunos judíos que tenían puestos importantes tenían envidia de lo que Jesús enseñaba y les molestaba. Ellos daban mucha importancia al cumplimiento de las normas, pero olvidaban la misericordia, el arrepentimiento y el perdón, que es justo lo que predicaba Jesús.

Esas personas manipularon y engañaron al gobernador romano, Poncio Pilato, para que condenara a muerte a Jesús. Pilato tampoco lo hizo bien porque las acusaciones no eran suficientes para condenarlo a muerte. Además, le amenazaron con peleas en el pueblo si no lo hacía. Y Pilato, con tal de conseguir orden en su pueblo, cedió a sus presiones condenando a Jesús a muerte sin motivo. Sin embargo, había judíos y romanos buenos que no estaban de acuerdo con todo eso, pero les hacían callar la boca y no les permitían intervenir en la causa de Jesús.

54. ¿Por qué a Jesús le tuvieron que matar poniéndole clavos y una corona de pinchos? (Ydalia) / ¿Cómo crucificaron a Jesús? (Rocío)

En aquellos tiempos, el castigo para algunos delincuentes era la muerte. Los romanos eran muy brutos, y la manera más dolorosa y humillante era clavarlos en una cruz a la vista de todos. Y es lo que decidieron hacer a Jesús.

Antes de crucificarlo, le flagelaron primero el cuerpo golpeándole con correas; después le pusieron una corona de espinas como burla, porque decían que era el rey de los judíos. Luego le hicieron cargar con la cruz hasta el lugar donde sería crucificado. Y justo allí lo clavaron en la cruz junto a dos ladrones.

Al cabo de unas horas murió y después de muerto le traspasaron el costado y el corazón con una lanza. Y salió sangre y agua. De este modo, Jesús entregó su vida por nosotros hasta la última gota de su cuerpo. Para salvarnos de nuestros pecados, Jesús pagó el precio de su vida. Jesús realmente es rey del universo, pero donde de verdad quiere reinar es en tu corazón.

55. ¿Cómo puede ser que Jesús llevó la cruz y esos eran nuestros pecados? (Cristina)

Desde el primer pecado de nuestros primeros padres, Adán y Eva, que rechazaron a Dios y le desobedecieron, hasta las guerras que vemos hoy en día y los pecados que cometerán los hombres del futuro... todo eso pone triste a Dios. Si quisiera, podría castigarnos destruyéndonos a todos, hay veces que nos lo mereceríamos. Pero hay una persona que cargó con todos los pecados del mundo, los de antes y los que vendrán, porque era hombre y Dios verdadero, Jesús. La muerte que merecíamos nosotros la tomó él, dio su vida para salvarnos por amor a todos los hombres y por amor a Dios.

Cuando veas un crucifijo, piensa en todo el cariño que tenía Jesús. Gracias a Él se te pueden perdonar los pecados en la confesión, si te arrepientes.

56. ¿Cuántos años tenía Jesús cuando murió? (Leandro)

Como hace unos dos mil años que murió Jesús, no es fácil saber la fecha exacta, pues hace tanto tiempo no había periódicos ni gente que apuntara esas cosas. Pero los que han estudiado mucho este tema nos dicen que Jesús tendría alrededor de 33 años cuando murió.

57. ¿Por qué los amigos de Jesús estaban asustados? (Ariana)

Cuando apresaron a Jesús, los discípulos y amigos que estaban con él salieron huyendo porque tenían miedo de ir a la cárcel o de que también los condenaran a muerte. Querían a Jesús pero eran débiles. El propio Pedro, san Pedro, le defendió en el huerto de los olivos hasta llegar al punto de cortarle la oreja con una espada a un soldado (oreja que Jesús después curó mediante un milagro), pero luego le negó, dijo que no le conocía.

Todos huyeron por miedo. Durante el castigo de la cruz, pocos acompañaron al Señor. La Virgen María sí que estuvo presente en todo momento acompañando a su hijo. También el joven san Juan. Tú y yo a veces también huimos de Jesús y le dejamos solo. Por eso hemos de mirar a María y pedirle fuerzas para estar a su lado.

58. ¿Por qué solo fue Juan el que acompañó a Jesús en la cruz con María y otras mujeres? (Nicolás)

Juan aparece como el único discípulo que estaba presente durante la crucifixión. Siempre que nombran a Juan en la Biblia lo describen como el discípulo amado por Jesús, y el que más le quería. No es que los demás no quisieran a Jesús, pero él le amaba de un modo especial, tanto que lo demostró no dejando solo a Jesús en aquel momento tan terrible. Por eso dicen que el amor es más fuerte que la muerte, capaz de superar cualquier barrera, por difícil que sea.

Viendo el ejemplo de san Juan, podemos preguntarnos si nosotros también queremos a Jesús. Primero es buscarle, después encontrarle, luego tratarle y así le amaremos. ¿Tú en qué fase estás?

59. ¿Qué significa I.N.R.I. en la cruz? (Victoria)

INRI son las iniciales de *Iesus Nazarenus Rex Iudeorum*. Está escrito en una lengua antigua que se llama latín. Significa 'Jesús Nazareno Rey de los Judíos'.

60. ¿Por qué los cristianos celebran la muerte de Jesús? (Aitana)

Después de morir Jesús en la cruz, todas las personas que le conocían se quedaron muy tristes. Esperaban que se defendiera o que hiciera algún milagro especial para vencer a los judíos y los romanos. Pero habían olvidado, o más bien no acababan de creérselo, lo que Jesús ya les había dicho hacía tiempo: «el Hijo del Hombre tiene que padecer mucho, ser rechazado y resucitar al tercer día, para el perdón de los pecados».

Celebramos su muerte porque por ella nos libró a todos del pecado... Pero su muerte no tendría importancia si no hubiera resucitado, como predijo. Murió el viernes y resucitó el domingo, venciendo a la muerte. Desde entonces, celebramos el domingo, día del Señor, día de la resurrección y asistimos a la Santa Misa con la alegría de la victoria de Cristo como rey y señor del universo.

61. ¿Por qué Jesús no se quedó con nosotros en la tierra? (Vega) / ¿Por qué Jesús no se hizo inmortal? (Alejandro)

La muerte de Jesús no supuso el final. Jesucristo vive para siempre y nos cuida desde el cielo, aunque no nos dejó solos aquí abajo. Algunas personas habrían preferido que se quedara resucitado con nosotros, por los siglos de los siglos; siendo un vecino más, un amigo... Él sabe más, y eso, aunque es bonito, también es complicado: todo el mundo querría estar con él, habría largas colas, no daría tiempo a los millones de personas...

Jesús se inventó otra manera; antes de irse, realizó el milagro más grande: quedarse también en forma de pan y vino. En la última cena que tuvo con los apóstoles, antes de ser crucificado, hizo el milagro de convertir el pan y el vino en su cuerpo y su sangre. Y les dio poder para hacer lo mismo en su nombre. Desde entonces, los sacerdotes, que representan a los apóstoles, tienen el poder, venido de Dios, para hacer que Cristo esté con nosotros y le podamos comer como alimento espiritual. Y por eso podemos visitarlo en cada Misa y en cada sagrario, donde el Señor permanece de igual manera que si estuviera vivo en la tierra.

Será en el cielo cuando estemos con él y le veamos cara a cara, y le cogeremos de la mano, y le podremos preguntar, porque tendremos todo el tiempo del mundo.

62. ¿Cuándo va a volver Jesús? (Carlota)

Jesús está ahora en el cielo, tenemos su presencia real en la Santa Misa y en el sagrario y Él nos ha prometido que volverá por última vez a la tierra para dar fin a la historia y al mundo. No ha querido decirnos la fecha exacta, quizá porque somos demasiado curiosos, pero de lo que sí estamos seguros es de que Jesús vendrá para asegurar el fin de los tiempos y juzgar a cada uno según sus obras. Y a partir de ese día, los que quieran estar con Jesús estarán con Él para siempre gozando de su amor para toda la eternidad. Y, aunque sea difícil de entender, habrá algunos malvados que no querrán estar con Jesús y se irán con el demonio, lugar de oscuridad, sufrimiento y odio. Por eso, hemos de rezar mucho por la conversión de los pecadores para que se arrepientan de sus malas obras y quieran acoger la bondad de Dios. En cualquier caso, los Hijos de la luz brillarán como el sol y vivirán por siempre junto al amor de su Padre Dios.

8. La Virgen nuestra madre

63. ¿Cómo viene Jesús a la tripa de María? (Lucía) / ¿Por qué María ha estado embarazada si no está casada? (Ruoqui)

¿Has oído alguna vez la palabra «misterio»? En la Iglesia llamamos misterios a cosas que Dios hace con su poder divino (de Dios) y que las personas (con nuestra cabeza humana) no entendemos del todo, pero la fe nos ayuda a aceptarlo como Dios nos lo explica. El embarazo de María es uno de esos misterios.

San Lucas nos explica lo que pasó en el Evangelio. Nos cuenta que el ángel se le apareció a María, que era una joven virgen prometida a un hombre llamado José, y le dijo: «Concebirás en tu seno y darás a luz un hijo, y le pondrás por nombre Jesús» (*Lc* 1, 32).

¡Imagina que estás rezando y se te apetece un ángel y te dice eso! Incluso la Virgen tuvo sus dudas, pues nos dice san Lucas que hizo casi casi la misma pregunta que tú: «¿De qué modo se hará esto, pues no conozco varón?» (*Lc* 1, 34). Es decir, la Virgen no comprende tampoco cómo va a tener un bebé (que es el hijo de Dios) sin haber hecho lo normal para tener un bebé: casarse, tener un encuentro especial con el papá...

El ángel le dice: «El Espíritu Santo descenderá sobre ti, y el poder del Altísimo te cubrirá con su sombra; por eso, el que nacerá Santo será llamado Hijo de Dios» (*Lc* 1, 35). Y con esa respuesta, a María le basta para entender que es algo de Dios que ella no puede entender, y confía en Él y lo acepta: «He aquí la esclava del Señor, hágase en mí según tu palabra» (*Lc* 1, 38).

Es decir, Jesús viene a la tripa de María de una manera divina, misteriosa: Dios Espíritu Santo la cubre con su sombra. María no esperaba tener un bebé y Dios le pide que tenga a su hijo. Le cambia sus planes y ella confía y lo acepta, aunque no lo entienda.

Y una cosa más. Habrás oído que los hijos son fruto del amor de sus padres. Jesús también: Jesús es fruto del amor de Dios Padre y Dios Espíritu Santo por su esposa que es la Iglesia, pues manda a Jesús a salvarnos a través de ella. Y para ello se fija en María: una criatura buena, sencilla, limpia, y le pide ser parte de ese milagro de amor.

64. ¿Cómo la Virgen dio a luz a Jesús en un portal si no había médicos? (María)

Aquí hay que hablar de dos cosas: la diferencia de época y la diferencia de la Virgen del resto de mujeres.

En cuanto a la época: cuando Jesús nació no existían los hospitales. Sí que existían los médicos, pero no solían llamarles para que naciera un bebé. Las mujeres de cada familia se ayudaban entre ellas cuando nacía un bebé. Era habitual que una mujer joven ya supiera lo que había que hacer. Pero en Belén, la Virgen no tenía allí a su madre o a sus tías para que la ayudasen.

Sin embargo, María era especial... María no tenía pecados y era totalmente pura. Cuando dio a luz, fue algo diferente al resto de mujeres y la Virgen no sufrió dolor ni tuvo ningún problema para que naciera Jesús. Un santo, san Agustín, lo explicaba así: «Jesús al nacer pasó como la luz a través del cristal». De nuevo un misterio para nosotros de algo que fue fácil para Dios.

65. ¿Por qué la Virgen se aparece algunas veces? (Carlos)

La Virgen María es nuestra madre y no nos deja solos. Cuando una madre sabe que un hijo la necesita, cambia todos sus planes y hace a veces lo imposible para ir a verle o a cuidarle. Pues la Virgen es igual. A veces, la Virgen ha querido venir a cuidar a alguien o a verle porque ha pensado que necesitábamos ese apoyo. Por ejemplo, vino a consolar en Zaragoza (la Virgen del Pilar) al apóstol Santiago cuando estaba muy agobiado por su viaje por España para hablar de Jesús y le estaban tratando fatal. O cuando en Europa había una guerra muy complicada, pensó que sería bueno venir a ver a tres niños a Fátima (Portugal) para contarles que no nos estaba abandonando.

Dios facilita que la Virgen se aparezca porque, siempre que lo hace, nos habla de Jesús y nos ayuda a quererle mejor: María es la mejor embajadora de Jesús. Imagina que fueras todopoderoso y tuvieras que cuidar de muchíííííísima gente. Imagina que algunas personas de las que tienes que cuidar se «despistan» o están desesperados. ¿A quién mandarías para que les enseñara a rezar? Creo que todos elegiríamos a la Virgen, ¿no?

66. ¿Por qué el mes de mayo es el mes de la Virgen? (Ana)

Mayo, el mes de las flores, es un mes precioso: empieza a hacer buen tiempo, la primavera estalla en la naturaleza, los paisajes son preciosos y se pueden hacer planes al aire libre. A alguien le pareció buena idea aprovechar ese mes para dedicarlo a nuestra madre la Virgen María.

En muchos pueblos se hace una romería a la Virgen en sus ermitas; el día de la madre se celebra el primer domingo de mayo; en muchos colegios y parroquias se llevan flores a la Virgen, y en muchos sitios se recomienda rezar el rosario con más frecuencia y cariño.

Si tuvieras que escoger un mes para cuidar más a tu madre de la tierra, ¿cuál escogerías? ¡Seguro que mayo, porque hay más flores y así se las podemos regalar!

67. ¿Por qué decimos que la Virgen María es la madre del cielo? (David)

Cuando Jesús estaba en la Cruz, sabiendo que ya se iba a ir al cielo, le dijo algo a san Juan, que es como si nos lo dijera a todos los cristianos. ¿Y qué es lo que le (lo que nos) dijo? «He ahí a tu madre». Y a la Virgen le dijo: «He ahí a tu hijo». Desde ese momento, la Virgen pasó a acogernos a todos como hijos y todos la tenemos como madre.

La Virgen María subió a los cielos, por eso es nuestra madre del cielo, está al lado de Jesús, dispuesta siempre a cuidarnos. Ella nos escucha, nos mira con gran amor, sabe qué es lo mejor para nosotros... y podemos contar con ella y acurrucarnos bajo su manto (es chulísimo imaginarse que nos está tapando con su manto, porque es lo que hace cuando la necesitamos, aunque no lo veamos).

68. ¿Cómo puede escuchar la Virgen María a tanta gente a la vez? (Pablo)

¡He aquí otro misterio! Jesús dio a su madre, la Virgen, unas capacidades sobrenaturales: es decir, desde el cielo es capaz de hacer cosas maravillosas que no puede hacer una madre normal. ¿A que si habláis dos o tres a la vez a tu madre, acaba por ponerse nerviosa y decir: «De uno en uno, por favor»?

A la Virgen eso no le ocurre. Desde el cielo nos puede escuchar a todos los que le estemos hablando a la vez y puede atendernos con igual amor y cuidado. ¿Cómo? Porque Jesús le ha dado ese poder. Ella, con su dulzura y amabilidad, lo perfecciona y lo hace de maravilla.

Quizá pienses que no siempre te ayuda porque no te da lo que le pides. Eso no es porque no te escuche, sino porque no te conviene tener lo que pides. Lo puedes entender con este ejemplo: un niño pequeño quiere jugar con fuego porque le parece muy divertido, pero su madre no le deja, y si el niño le pide una cerilla encendida, hará bien en no dársela, ¿verdad? Pues es lo mismo. La Virgen nos dará lo bueno. Pero hay cosas que quizá no nos hagan el bien que pensamos y por eso no permite que las tengamos.

9. ¿Quiénes son los apóstoles?

69. ¿Quién fue el primer apóstol? (Alejandra)

Lo más seguro es que fuera san Pedro... te contamos lo que nos dice cada evangelista.

- San Mateo es el que mejor nos cuenta la elección de los apóstoles, seguramente porque era uno de ellos, como Juan. Los primeros a los que llama son dos: Pedro y Andrés, que eran hermanos y estaban pescando. Fue muy bonito cómo ocurrió: «Les dijo: "Seguidme y os haré pescadores de hombres". Ellos, al momento, dejaron las redes y le siguieron» (*Mt* 4, 19). Justo después hizo lo mismo con Santiago y Juan. Con estos cuatro, que fueron luego muy importantes, emprendió ya los primeros viajes.

- San Marcos nos lo cuenta de manera parecida a san Mateo.

- Si leemos cómo cuenta san Lucas esta parte de la vida de Jesús, la única elección que cuenta con detalle (de las primeras) es la de Pedro... que le dijo a Jesús esas palabras tan bonitas: «Apártate de mí, Señor, que soy un hombre pecador» (*Lc* 5, 8). Así que podemos pensar que el primero al que Jesús llamó fue Pedro... aunque enseguida eligiera a Andrés.

- San Juan nos cuenta que Andrés y otro seguían a Juan el Bautista y conocieron a Jesús. Después Andrés llevó a Pedro a conocerle y ya nos cuenta cómo Jesús le llama para ser su seguidor.

Así que podemos decir que san Pedro fue el primero, pero muy seguido por Andrés, Santiago y Juan.

70. ¿Ahora hay apóstoles? (Pelayo)

¡Sí! Por una parte, los obispos son los sucesores de los apóstoles. Y el obispo de tu ciudad es como si fuera un apóstol. Y, por otro lado, apóstoles son los que hablan de Jesús a los demás, desde los catequistas hasta los sacerdotes, pasando por los padres y madres cristianos que educan en la fe, hasta los profesores y los amigos que te hablan de Jesús... Un apóstol hoy es cualquiera que ame a Jesús, se sienta amado por él y lleve su mensaje a sus amigos y conocidos, con su vida y su palabra. Son muchísimos, ¡y tú puedes serlo también! No hace falta ser predicador ni hacer milagros: con el ejemplo de una vida cristiana, ya eres apóstol.

71. ¿Cómo se puede ser apóstol? (Paula)

Ahora es un poco diferente, Jesús no va a entrar físicamente por la puerta de nuestra casa a llamarnos para ser apóstoles. Pero sí estamos cerca de Jesús en la oración, en los sacramentos... poco a poco veremos la misión que Dios tiene para nosotros y cómo podemos ser apóstoles suyos. Y no hace falta ser muy mayores para ser apóstoles: ya podemos hacer lo que ellos hacían, que es hablar de Jesús a todos y darlo a conocer, contagiar a todos del amor de Dios que como apóstoles tenemos en nuestro corazón.

72. ¿Por qué Jesús llamó a los apóstoles? (Covadonga)

Jesús llamó a los apóstoles porque quiso. Él quiere contar con las personas para su salvación, y para que todos se salven, le tienen que conocer. Jesús podía haber recorrido el mundo para haber conocido a cada persona de todos los países... Pero quiso que su mensaje se difundiera a través de la amistad y la fe. Por eso, cuando Jesús llama a los apóstoles, les explica muy bien el camino a la salvación y les pide expresamente que lo lleven a todos los rincones del mundo, a todas las personas del mundo; que, de unos a otros, transmitieran la fe.

73. ¿Por qué hay 12 apóstoles? (Luis)

El pueblo de Israel estaba formado por 12 tribus, por eso eligió a 12 apóstoles que formarían el nuevo pueblo de Dios que es la Iglesia. El 12 es uno de los números preferidos de Dios.

74. ¿Por qué todos los apóstoles son chicos? (Ana)

Efectivamente, los 12 apóstoles son chicos porque iban a ser sacerdotes, es decir, iban a representar a Jesús en la tierra, cuando él no estuviera. Pero ya sabes que toda persona que habla de Dios es apóstol, y eso se lo pide Dios tanto a chicos como a chicas; por ejemplo, a María Magdalena se la llama «apóstol de los apóstoles», porque fue la primera de la que se dice en el evangelio que vio a Jesús resucitado y fue a anunciarlo al resto de los apóstoles.

10. Yo también puedo ser santo

75. ¿Cuántos santos hay en el cielo? (Rodrigo)

El cielo es el amor de Dios, y todos, todos, todos los que han aprendido a vivir en el amor de Dios entran en el cielo. Jesús es el modelo de este amor, así nos lo enseña Él en el Evangelio: nos dice que hay que cumplir los mandamientos, ayudar a los demás y llamar a Dios Padre.

Todos los que están en el cielo son santos, y son innumerables... Existen santos muy diferentes: santos que han trabajado de médicos, madres de familia, sacerdotes, niños, jóvenes... Todos ellos fueron muy amigos de Jesús, y ahora están felices junto a Él.

76. ¿Quién fue el primer santo? (Saúl)

No sabemos quién es el primero que entró en el cielo junto a Jesús, pero en el evangelio sale el nombre de uno, y así podemos decir que Dimas es el primer santo conocido. Cuando Jesús fue crucificado en el Gólgota, también crucificaron junto él a dos ladrones. Uno de ellos, en el momento de su mayor sufrimiento, imploró el perdón de Jesús diciéndole: «Acuérdate de mí cuando llegues a tu Reino». Esta petición sincera lo conmovió y contestó: «Hoy estarás conmigo en el paraíso» (*Lc* 23, 39-43).

Así que, desde ese mismo día, Dimas está en el cielo y se le conoce como el buen ladrón o el primer santo del que tenemos su nombre.

77. ¿Cómo podemos ser santos? (Lucía) / ¿Qué hay que hacer para ser santo? (Chiara) / ¿Cómo me puedo convertir en santo? (Guillermo) / ¿Todos podemos ser gente buena? (José María)

Los santos son personas normales, como tú y como yo, que han logrado tener una gran amistad con Jesús, imitando su vida y enseñanzas: cumpliendo los mandamientos, llamando a Dios Padre y haciendo el bien a los que les rodeaban. Por eso, todos podemos ser santos si nos parecemos a Jesús. Es lo que Él quiere, porque así seremos muy felices, haremos felices a muchas personas y al final estaremos con Él en el cielo, llenos de su amor.

Para ayudarnos, Dios nos ha dado los sacramentos, que nos conceden la gracia de Dios para poder parecernos a Jesús. El primero de todos es el bautismo: cuando nos bautizamos, pasamos a formar parte de la Iglesia y nos convertimos en hijos adoptivos de Dios.

También tenemos que cooperar con nuestros esfuerzos para vivir las virtudes en cada momento. Acciones cotidianas como mantener el silencio en clase, ayudar a un compañero en el colegio, hacer la cama o cumplir con las tareas escolares son ejemplos concretos de cómo podemos cooperar con la gracia de Dios para asemejarnos cada vez más a Jesús.

78. Si yo tengo defectos y los santos también, ¿por qué ellos son santos y yo no? (María)

Tú quizá ahora no eres santo, pero podrás llegar a ello con la ayuda de Dios y si quieres. Los santos tuvieron defectos porque eran personas normales, como todos, y no siempre salían victoriosos en su lucha de parecerse a Jesús. Pero cuando no lo conseguían, se arrepentían, acudiendo al sacramento de la confesión, y volvían a intentarlo. El Espíritu Santo va guiando a los santos como hijos de Dios. El Evangelio los llama bienaventurados, que significa 'felices'.

Así que podemos decir que tú estás en el camino hacia la santidad, y tú también recibes en los sacramentos la ayuda necesaria para transformar tus defectos en virtudes. Por ejemplo, si una niña es desordenada, o no guarda los libros en la mochila después de hacer los deberes, y cada vez que comulga le pide a Jesús que le ayude a ser más ordenada, Dios le dará la gracia para conseguirlo. Está en el camino de la santidad.

79. ¿Los mártires sabían que iban a morir si creían en Dios? (Carmen)

No es fácil ser cristiano; el propio Jesús murió para salvarnos, y dio su vida libremente. Los cristianos que se enfrentan a dificultades muy grandes a veces han dado testimonio con su vida de que eran amigos de Jesús. A los primeros cristianos los apresaban por ir a Misa, por leer el Evangelio, por ayudar a los necesitados... Y todos sabían que elegir a Jesús podía significar la muerte: su ejemplo ha ayudado a la Iglesia en todas las épocas.

Hoy en día, todavía existen países donde sigue habiendo muchos mártires: Egipto, Siria, Irak...

Ahora recuerdo una bonita historia. Era Navidad, y la pequeña Isis de diez años se preparaba con ilusión para ir a Misa junto a su familia. La iglesia estaba adornada con luces navideñas y un Portal de Belén. Sin embargo, aquel día una explosión ensordecedora sacudió el templo, los padres de Isis perdieron la vida. Al domingo siguiente, cuando los rayos del sol volvían a iluminar las ruinas de la iglesia, una figura pequeña se acercó al lugar. Era Isis, acompañada de sus hermanos pequeños. Con los ojos llenos de lágrimas entró en el templo derruido, donde habían fallecido sus padres. El sacerdote, al verla, quedó profundamente conmovido y le preguntó por qué había vuelto. Con una voz suave pero firme, Isis respondió: «Le prometí a mis padres que vendría a Misa todos los domingos para recibir a Jesús».

80. ¿En el mundo sigue habiendo personas que hablan de Jesús para que crean en Él? (Sofía)

Todos los cristianos tenemos el deber de hablar de Jesús, así nos lo pidió Él cuando nos dijo: «Id por todo el mundo y predicar el Evangelio» (*Mc* 16, 15). En esto tenemos que parecernos a los apóstoles, por eso, hablar de Dios a los demás se llama «hacer apostolado».

Te voy a contar una historia de dos hermanos que siempre hablaron de Jesús:

Los hermanos Martín y Lucas, desde pequeños, compartían juegos, secretos y una gran fe. El día de su Primera Comunión, juntos acordaron que siempre serían amigos de Jesús. Su rincón favorito era el oratorio del colegio, un pequeño espacio donde iban a rezar en la hora del patio.

Con el paso de los años, ambos jóvenes sintieron llamadas distintas. Martín, el mayor, sintió una llamada clara a entregarlo todo. Tras días de oración y reflexión, Martín tomó una decisión que cambiaría su vida. Renunciaría al matrimonio y a los bienes materiales para dedicarse por completo al servicio de Dios.

Lucas, por su parte, también sentía un profundo amor a Dios, pero a él le pedía formar una familia, educando a sus hijos en la fe. Un día, conoció a Ana y se enamoró. Al poco tiempo de conocerla, supo que había encontrado a la mujer con la que quería compartir su vida.

Los dos hermanos durante toda su vida hablaron de Jesús a sus amigos, a sus compañeros de trabajo... Lucas se centró en cultivar la fe en su familia. Sus hijos crecieron escuchando historias de la Biblia, rezando juntos el rosario... Martín, por su parte, fue la puerta para que muchas personas se reconciliaran con Dios, o le pudieran amar con más fuerza.

11. Los sacramentos: confesión y eucaristía

81. ¿Qué sacramento es el más importante? (Martín)

Esta pregunta es difícil... Los 7 sacramentos son muy importantes en la vida de la Iglesia. Y todos son muy necesarios. Pero si tuviéramos que elegir uno solo como el sacramento más importante... es la Eucaristía. En la Santa Misa, Dios mismo baja a la tierra y cambia la sustancia del pan para quedarse entre nosotros de una manera presente, real. Con su presencia en el pan, los cristianos cogemos fuerzas para seguir viviendo nuestra fe. Con la Eucaristía, el corazón de la Iglesia sigue latiendo: Dios mismo está en el sagrario esperándonos gracias a este sacramento.

82. ¿Es verdad que hay que bautizarse para ser cristiano? (Kiara)

Sí, y también puede decirse que el bautismo es el sacramento más importante porque por él nos hacemos hijos de Dios, somos cristianos para siempre y la Iglesia nos acoge. En el bautismo recibimos la gracia de Dios por primera vez y arrastra y nos quita el pecado original.

83. Aunque los padres de un niño no sean cristianos, ¿su hijo puede serlo? (Andrés)

Por supuesto, hay muchos ejemplos de niños y niñas que son cristianos aunque sus padres todavía no lo son. Quizá sus padres le han llevado a un colegio donde se enseña la fe y el niño la ha recibido y le ha pedido a sus padres que quería bautizarse. Si pasa eso, esa familia recibe un gran regalo.

84. Si una persona que ha matado a otra se confiesa, ¿tiene luego que reparar declarándose culpable? (Javier)

Una persona que comete un asesinato y se arrepiente tiene que reparar mucho ese pecado tan grande. Si se confiesa realmente arrepentido, el sacerdote le dará la absolución y nunca contará nada de lo que ha oído ni a la policía ni a nadie, pero lo más seguro es que le recomiende a quien ha cometido ese pecado y ese delito que haga las paces con la justicia y con la sociedad.

85. En la confesión, ¿por qué se te quitan los pecados si el sacerdote no es Dios? (Lucía) / ¿Por qué cuando nos confesamos está un sacerdote y no Dios? (Carmen)

Dios ha querido que los apóstoles y sus sucesores, los obispos y los sacerdotes, tuvieran el poder de perdonar los pecados. Nos conoce muy bien y sabe que arrepentirse y decir los pecados al confesor es una de las mejores maneras para amar cada vez más a Dios, nos hace mucho bien y nos da la seguridad del recibir el perdón.

Además, tienes que saber que el sacerdote no perdona los pecados en nombre propio, sino en el nombre de Dios. Ten la seguridad de que, como en todo sacramento, cuando te confiesas, ahí está Dios. Y cuando oyes: «Y yo te absuelvo de tus pecados en el nombre del Padre y del Hijo y del Espíritu Santo», es el propio Jesús quien lo está diciendo a través del sacerdote.

86. ¿Por qué se dice: «Ave María Purísima»? (Sarah)

Antes, los cristianos se saludaban así: «Ave María Purísima» o cuando entraban en una casa decían esas palabras a modo de saludo. Y la respuesta que se daba era la de: «Sin pecado concebida».

Para confesarse, lo primero es saludar y pueden usarse esas palabras, que son muy habituales en muchos lugares, u otras, por ejemplo: «Bendígame, Padre porque he pecado». Es bueno, al comenzar la confesión, hacer la señal de la cruz.

87. ¿Por qué Jesús quiere que le comamos y le bebamos? (Katarina) / ¿Por qué es tan importante recibir el pan para ser buenos cristianos? (Valeria)

Jesús nos quiere tanto que no le basta con estar junto a nosotros, sino que desea estar dentro de nosotros. Pero le comemos «sacramentalmente», es decir, misteriosamente. La comunión, que es real, es también una forma de explicarnos que Dios quiere estar con nosotros. Igual que para mantener la vida corporal necesitamos alimentos que nos den fuerza y energía, para mantener la vida espiritual necesitamos también de un alimento espiritual: el pan de vida.

88. ¿Por qué Jesús se esconde en un trozo de pan y no en otra cosa, por ejemplo, en una chuche? (Irene) / ¿Por qué la sangre tiene que ser vino y no agua? (Alonso)

La primera cosa sorprendente es que Jesús quiera esconderse. Jesús se esconde porque quiere que le busquemos libremente, porque no quiere imponerse: quiere hijos, no esclavos. Y porque lo que realmente le gusta es la alegría del encuentro.

Probablemente se esconde en el pan y en el vino porque tanto la fabricación del pan como la del vino tienen algunas características que a Jesús le encantan. La primera es que el pan y el vino necesitan de la intervención humana: son fruto de la tierra y de la vid, pero también del trabajo del ser humano. Sin la intervención humana, no se produciría ni pan ni vino, pero sí podríamos tener agua, leche o algún fruto. Además, tanto para fabricar el pan como para fabricar el vino, la materia prima tiene que ser destruida: hay que machacar los granos de trigo hasta que se convierten en harina y hay que machacar las uvas hasta extraer de ellas todo el jugo.

Y hay otro pequeño detalle que también es muy del gusto de Jesús: el pan y el vino se consiguen por la unión de muchos pocos (muchos granos de trigo y muchas uvas) que acaban totalmente mezclados y se convierten en una sola cosa.

89. ¿Cómo Jesús entra en el pan si es tan grande? (Sancho) / ¿Cómo Jesús puede caber en el pan? (Martín) / ¿Cómo cabe Jesús en la eucaristía? (Sofía) / ¿Cómo Jesús cabe en el pan sagrado? (María Fernanda)

Dios es tan grande y su amor es tan inmenso que es capaz de hacerse pequeño para que nos podamos acercar a Él en confianza. En la Sagrada Escritura, Jesús demuestra que tiene poder sobre la naturaleza (transforma el agua en vino en las bodas de Caná o multiplica los panes en el desierto, por ejemplo) y también sobre su propio cuerpo (como cuando camina tranquilamente sobre las aguas). Y es el amor que nos tiene lo que le permite, a pesar de que es infinito, encerrarse en algo tan pequeño como un trozo de pan.

90. Si comulgas con un pecado mortal, ¿qué pasa? (Carmen)

Imagínate que has tenido una discusión terrible con tu madre y le has dicho cosas espantosas... ¿No le pedirías perdón antes de darle un beso?

Jesús viene a salvarnos y a curar todas las heridas de nuestra alma, pero antes de recibirle, nuestra alma tiene que estar en gracia, es decir, sin ningún pecado mortal. Si comulgas con un pecado mortal, cometes uno de los peores pecados, que se llama «sacrilegio». Pero también Jesús está dispuesto a perdonarnos ese pecado horrible si nos arrepentimos y lo confesamos sinceramente en el sacramento de la confesión. Y no te preocupes, porque el sacerdote ni se va a enfadar ni te va a echar la bronca: a él no le has hecho nada, se lo has hecho a Jesús, que está siempre dispuesto a perdonarnos. Pero sería también muy triste que nos aprovechásemos de lo bueno que es Jesús para hacer las cosas mal y que no nos importe. Imagínate que alguien piensa: «Como mi madre es muy buena y sé que me va a perdonar, le voy a pegar una patada en la espinilla...».

91. Cuando comulgamos, ¿le hacemos daño a Jesús? (Naiara) / ¿A Jesús no le duele que en la comunión lo comamos? (Ainoa)

Al comulgar no somos unos caníbales que tomamos carne humana. Jesús, que está realmente presente y vivo en la Eucaristía, no sufre con dolor nuestros mordiscos. La Eucaristía es el pan vivo, que da vida eterna, y así, al comulgar no transformamos a Jesús en nuestro propio cuerpo, como hacemos con los demás alimentos, sino que es Él quien nos transforma en Él y hace posible que Dios pueda habitar en nosotros y que nosotros podamos habitar en Él.

92. ¿Cómo entra Jesús en el sagrario? (Alba) / ¿Por qué el sagrario tiene una llave para cerrarlo? (Alejandro)

Después de la santa Misa, el sacerdote guarda las formas en una especie de copa grande que se llama copón. Los primeros cristianos reservaban algunas formas para poder después llevar la comunión a los enfermos, pero poco a poco se dieron cuenta de la maravilla de que Jesús se quede con nosotros en las sagradas formas mientras mantengan sus propiedades (no se pongan malas y esas cosas). Entonces empezaron a cuidar a Jesús con especial cariño.

Por eso se procura que el sagrario sea lo más valioso posible, aunque para Dios todo es poco. Y se cierra con llave porque Jesús es nuestro verdadero tesoro y no queremos que nadie nos lo robe.

12. La santa Misa

93. ¿Por qué los sacerdotes en cada Misa cambian de color sus vestiduras? (Ariana) / ¿Por qué tienen que llevar tanta ropa los sacerdotes en la Misa? (Sarah) / ¿Por qué en la santa Misa los curas se visten de rojo, morado, verde...? (Ainoa)

El sacerdote cuando celebra la santa Misa, que es una acción sagrada, está representando a Jesucristo, y de alguna manera tiene que notarse que ya no es del todo el sacerdote que conocemos, sino Jesús. Por eso se «reviste» de Él con unas vestiduras distintas, que solo se usan para eso.

En primer lugar, se pone un alba o túnica blanca, que simboliza la limpieza; una estola alrededor del cuello que simboliza la dignidad sacerdotal, y la casulla o capa amplia que simboliza la caridad.

Dependiendo del tiempo litúrgico del año, se usan unos colores u otros que transmitan por los ojos la época en que nos encontramos. Por ejemplo, el color verde es para los días del tiempo ordinario; el morado, para los días del Adviento y de la Cuaresma; el rojo, cuando se celebra a los mártires, y el blanco, para los santos y la Eucaristía.

94. ¿Por qué Jesús se queda 10 minutos en la Misa y no un poquito más? (Anónimo)

Más o menos, el pan tarda unos diez o quince minutos en deshacerse en nuestro estómago y, por eso, es el tiempo en que Jesús sacramentado está presente en nosotros, pues cuando deja de haber pan, deja de estar Jesús.

Deberíamos recordar esto y prolongar un poco nuestra conversación interior con Jesús, en vez de marcharnos con prisa de la iglesia después de la Comunión. Al respecto se cuenta una anécdota: san Felipe Neri vio a uno que salía de la iglesia inmediatamente después de recibir la Comunión, sin que acabara la Misa, y mandó que dos monaguillos salieran corriendo tras él ¡con dos velas encendidas...! Así le recordó que en ese momento era un sagrario andante.

95. ¿Por qué hay que tocar la campanilla en Misa? (Covadonga)

Las campanillas en la consagración no son meros adornos; tienen un propósito espiritual muy importante. Al sonar, nos llaman a reconocer el momento en que el pan y el vino se convierten en el Cuerpo y la Sangre de Cristo. Este sonido nos invita a centrar nuestra atención, a adorar con devoción y a vivir la Misa con mayor profundidad y significado.

Además, este acto sencillo, pero poderoso, nos conecta con siglos de tradición y nos recuerda la sacralidad del momento.

96. ¿Por qué el credo se reza de distintas maneras? (María Fernanda)

Hay que tener claro que no se trata de dos credos, sino de dos maneras de rezarlo, dos formatos. El «Credo» es un resumen de las verdades de la fe principales, y en la Iglesia existen dos resúmenes que se han transmitido a lo largo de los siglos, cada uno de ellos tiene mucha historia.

El credo corto o credo apostólico nos resume la esencia de lo que los apóstoles nos transmitieron. El credo largo o nicenoconstantinopolitano nació en el siglo IV y es más detallista y hace más hincapié en nuestra fe en la Trinidad.

97. ¿Por qué los sacerdotes hablan bajo en la Misa? (Alejandra) / ¿Por qué en la santa Misa el sacerdote dice algunas palabras en bajito? (África)

En la Misa hay unas cuantas oraciones que el sacerdote dice en bajito para que le ayuden a vivirla mejor, para rezar con más intensidad. Tú también puedes rezarlas si vas a Misa con un misal donde suelen aparecer.

98. ¿Por qué en la comunión no se toma el vino? (Alba) / ¿Por qué no dan el vino en la comunión? (Carla) / ¿Por qué no podemos beber vino? (Theylin) / ¿Por qué algunas veces no podemos beber la sangre de Jesucristo? (Sofía)

Hay que tener claras dos cosas:

- Quien comulga con el pan consagrado recibe a Jesucristo completo: cuerpo, sangre, alma y divinidad; así como también quien solo comulga bajo la especie eucarística del vino (por ejemplo celíacos).

- Al comulgar bajo las dos especies, no se recibe más a Jesucristo, como tampoco al comulgar bajo una especie se recibe menos a Jesucristo; solo la forma de comulgar es diferente.

La Iglesia establece como modo ordinario de comulgar hacerlo bajo la especie del pan, pero también establece unos casos en que tiene sentido hacerlo también con el vino.

99. ¿Por qué, cuando se parte el pan en dos, Jesús está en los dos? (Mayta)

Cuando el pan se parte en dos, o en pedazos más pequeños, solo se parte la apariencia del pan. En cada una de las partes de la Hostia consagrada está presente Jesús todo entero. Por lo tanto, aunque se separe una parte, contiene a Jesús todo entero.

Si alguna vez recibes a Jesús en la mano, deberías estar muy atento y fijarte bien en que no quede ningún pequeño fragmento en la palma de la mano. Si queda alguno, hay que llevarlo enseguida a la boca. ¡Deberíamos tener mucho más respeto a la Santísima Eucaristía!

100. ¿Cómo puedes ser sacerdote? (Cristina) / ¿Cómo te llama Jesús para ser cura? (Covadonga)

Desde el principio, Jesús eligió a unas cuantas personas para darles una misión especial: fueron los apóstoles. Jesús llamó a los que quiso y eso hace ahora.

Algunos niños, por ejemplo, desde pequeños saben que quieren ser sacerdotes y se preparan en su juventud; otros han sido monaguillos y allí han descubierto que Dios les llamaba; otras personas van dándose cuenta con el paso del tiempo, rezando, tratando mucho a Jesús y deciden seguirle como sacerdotes.

Dios llama de modos muy diversos, habría que preguntar a cada sacerdote que nos cuente su historia para poder entenderlo mejor. Pero tenemos que saber que es muy muy importante que haya sacerdotes, pues sin ellos no podría haber Eucaristía. Por eso, debemos rezar mucho por las vocaciones y estar dispuestos a seguir la llamada del Señor si la notamos en nuestro corazón. De modo que no haya ningún lugar sobre la tierra en donde los sacerdotes sean pocos o, peor aún, no haya sacerdotes. Esta sería la peor desgracia que podría ocurrirle al pueblo cristiano, porque faltaría la Eucaristía, y también la confesión, que nos hace dignos de participar en la Eucaristía.

101. ¿Quién fue el primer sacerdote en todo el mundo? (Ana)

El primer sacerdote de la nueva alianza, realmente, fue Jesús. Y luego él llamó a los apóstoles, que fueron los primeros sacerdotes. De todos ellos, según el evangelio de san Juan, al primero que llamó fue a Andrés (el hermano de Simón Pedro). Pero cuando los evangelios hacen la lista de los apóstoles, siempre ponen a Pedro en primer lugar, ya que fue el primer Papa.

102. ¿Por qué los sacerdotes visten de negro? (Rocío) / ¿Por qué los sacerdotes se visten de negro? (Rebeca)

La ropa que llevan los sacerdotes en el día a día es un signo de su labor e identidad, por lo tanto, han de ir con vestiduras dignas y que les hagan reconocibles como sacerdotes. Que se vea claramente quiénes son y que «son de Dios», consagrados a Él. Esta vestimenta ha ido cambiando con el tiempo, y en la actualidad los sacerdotes suelen vestir con camisa negra, gris o blanca.

103. ¿Cómo se consigue ser Papa? (Cristina) / ¿Cómo eligieron al Papa entre todas las personas? (Aitana)

En la actualidad, al Papa lo eligen los cardenales, que son un número de obispos elegidos por el Papa a quienes les da unos encargos especiales, entre ellos el de elegir a su sucesor. Cuando muere un Papa, los cardenales se reúnen, hablan y luego hacen una votación para ver quién va a ser el nuevo Papa. Pueden elegir en principio a cualquier persona, pero desde hace muchos siglos siempre se ha elegido a uno de los cardenales.

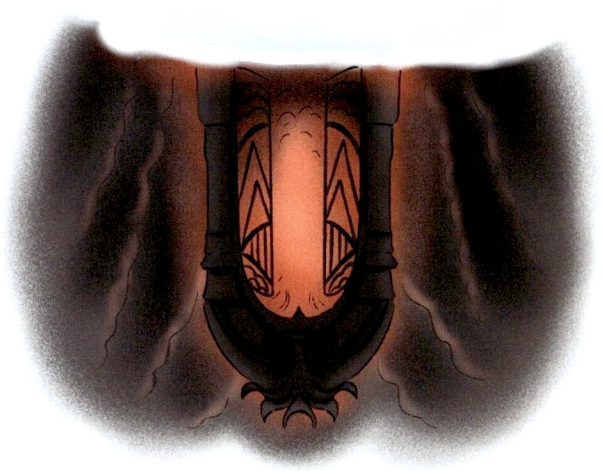

104. ¿Sabe Dios cuándo va a ser el fin del mundo? (Carlota)

Sí, Dios lo sabe todo. Y sucederá cuando tenga que ocurrir, cuando esté en el plan de la salvación. Como para nosotros es imposible saberlo, lo mejor es estar preparados en todo momento.

105. ¿Alguien sabe dónde se sitúa el cielo o el infierno? (Beltrán) / Jesús, ¿por qué, si volamos, no te vemos en el cielo? (Sarah)

El cielo y el infierno no son un lugar físico... Además, llamamos cielo a varias cosas, por lo que a veces nos confundimos. Llamamos «cielo» a lo que vemos encima de nosotros, en la atmósfera, con las nubes, el sol... Y también llamamos «cielo» a donde van las almas que ya están preparadas para salvarse y se encuentran con Jesús. Es la misma palabra pero no es lo mismo: así que, aunque volemos en avión o helicóptero, nunca veremos a esas personas del cielo, a los santos, a Jesús o a la Virgen ahí... porque se encuentran en una especie de realidad paralela, es algo que no podemos entender del todo. El infierno es lo mismo: no tiene un lugar físico conocible para nosotros. A veces se imagina como si estuviera en el centro de la tierra, con fuego y llamas... pero tampoco es exactamente así. Lo mejor es prepararse para ir al cielo y dejarse sorprender.

106. ¿Cómo Jesús subió al cielo si no existía? (Antonio) / La gente que moría antes que Dios, ¿adónde iba? (Covadonga)

Jesús, cuando murió en la cruz, abrió las puertas del cielo. Digamos que lo inauguró... y allí comenzó a recibir a los que a partir de ese momento se salvaban y estaban preparados para ir al cielo.

Los que se morían antes de Jesús, se dice que iban al «seno de Abraham». Podemos imaginarnos que sus almas estaban allí esperando a la redención. Cuando reces el Credo en Misa el domingo, fíjate que decimos que Jesús «descendió a los infiernos»; eso quiere decir que fue a recoger a las almas que estaban esperando y se las llevó al cielo.

107. Si tú no crees en Dios y te has portado bien, ¿vas al cielo? (Sofía) / Cuando se mueren las personas que no creen en Jesús, ¿adónde van? (Carla) / ¿Cómo sabemos si un familiar va al infierno o al cielo? (Daniel)

Hay personas que no creen en Dios porque no han tenido la suerte de que nadie les explique que Dios existe y que es su Padre y les quiere muchísimo. No saber eso es una pena, porque es vivir sin conocer lo más importante de nuestra vida: que tenemos un Padre que nos quiere una barbaridad. Sin embargo, hay personas que, aunque no sepan esto, intentan ser buenas y se esfuerzan por ayudar a los demás y portarse bien. Esas personas, cuando mueran, se encontrarán con Dios y Él les premiará por todo lo bueno que han hecho y podrán entrar en el cielo. De todas maneras, si esas personas hubiesen podido conocer a Dios en la tierra, les hubiese sido más fácil portarse bien y hubiesen sido más felices, sabiendo que no solo ayudaban a los demás, sino que ponían contento a su Padre Dios.

Lo mejor es creer en Dios, tener fe y portarse bien, pero si nadie te dice quién es Dios, Él, que es bueno y lo sabe, te ayudará a llegar al cielo. Además, no sabemos con seguridad si una persona está en el cielo o en el infierno, salvo los santos, que la Iglesia nos dice que están en el cielo. Por eso tenemos que rezar por nuestros familiares y amigos siempre, para que sean buenos y, cuando se mueran, Dios los reciba en el cielo. De todas maneras, si conocemos a alguien que ha sido muy bueno durante su vida, podemos confiar en que habrá llegado al cielo.

108. Cuando vaya al cielo, ¿podré abrazar a Jesús? (Begoña)

¡Por supuesto que sí! Todas las veces que quieras. Y estoy seguro de que será lo primero que todos haremos al llegar al cielo. Además, Jesús también estará esperando con ganas el momento de darnos un gran abrazo.

109. ¿Es posible bajar a la tierra para ver a alguien cuando estás en el cielo? (Valentín) / ¿Por qué los familiares muertos no pueden bajar a la tierra a vernos? (Fernando)

Cuando morimos, muere nuestro cuerpo, pero no nuestra alma, que va al cielo si nos hemos portado bien. Como el alma no se ve, no vemos a los que se han ido al cielo, ¡pero ellos sí nos pueden ver a nosotros! Y podemos rezar por ellos, ¡y podemos rezarles a ellos y pedirles favores, como a los santos, que también son personas que murieron y fueron al cielo!

110. ¿Por qué solo sube tu alma al cielo? (Victoria) / ¿Por qué, cuando morimos, subimos al cielo solo en alma? (Pablo)

Porque al morir se separan el cuerpo y el alma; el cuerpo ya ha vivido todo lo que podía y deja de funcionar, por decirlo así. De todas maneras, Jesús nos ha dicho que cuando llegue el fin del mundo, entonces ¡todos resucitaremos! Igual que Jesús resucitó, así nos pasará a nosotros: volveremos a tener el cuerpo, pero ya sin dolores ni cansancio y en la mejor edad. ¡Será fantástico!

111. ¿En el cielo podrás recordar tu vida? (Gema) / ¿En el cielo puedes hablar con las demás almas? (Rodrigo)

¡Claro! Recordarás tantas cosas maravillosas. Y las cosas malas que has podido hacer, como te habrás confesado y Dios te habrá perdonado, no te darán pena. Y te acordarás de tus padres, de toda tu familia, de tus amigos, de todos tus conocidos y mil historias que habrás vivido con ellos.

El cielo será como una gran fiesta en la que el protagonista es Dios. Pero también estaremos con un montón de gente y podremos hablar con ellos y preguntarles de sus cosas, y estar con nuestros familiares y amigos, y charlar de lo bien que se está allí y recordar tantas cosas que habremos vivido con ellos.

112. Si juras y no lo cumples, ¿vas al cielo? (Lucía) / Una persona que ha jurado, ¿va a ir al cielo? (Jorge)

Jurar no está bien, porque es meter a Dios en cuestiones de poca importancia en las que no hay que meterle. Y dar tu palabra y no cumplirla también está mal. Sin embargo, Dios, que es bueno y nos conoce, nos ha dejado la confesión para que pidamos perdón y para perdonarnos de cualquier cosa que hagamos mal. Entonces, cuando alguien jura, aunque esté mal hecho, y peor si luego no lo cumple, puede pedir perdón a Dios y Él lo perdona, siempre que tenga el propósito sincero de esforzarse por no volverlo a hacer. Y por eso, puede ir al cielo.

113. Cuando estemos en el cielo, ¿vamos a poder respirar? (Ydalia) / ¿Tendré superpoderes en el cielo? (Emma) / ¿Vamos a tener juguetes en el cielo? (Irene) / ¿En el cielo es posible comer y no engordar? (Katie) / ¿En el cielo hay baño? (Mía y Gema)

El cielo será increíblemente maravilloso. Tendremos todo lo que nos pueda gustar y todo lo que necesitemos. Todo, todo, todo: da igual lo que te imagines, ¡será mejor! Además, Dios lo hace de tal modo que ya no habrá ninguna cosa mala: ni cosas que hagan daño ni nada que nos ponga tristes ni ninguna cosa que nos moleste o nos enfade. Estaremos todo el tiempo pasándolo bien y disfrutando, sin aburrirnos nunca más.

114. ¿Los perros se van al cielo de las mascotas? (María Fernanda) / ¿Los animales tienen alma? (Sasha)

Los animales no tienen alma como las personas. Han sido creadas por Dios y Dios está contento con ellas, pero Dios nos quiere más a los hombres y por eso el cielo ha sido creado especialmente para nosotros, no para los animales. No sabemos cómo será el cielo, pero sí sabemos que Dios tiene un corazón gigante y todo lo que nosotros amamos en esta tierra, Él lo cuidará, y hará que cuando lleguemos al cielo, estemos felices con todo lo que vamos a encontrarnos allí.

115. ¿Qué es el infierno? (Alonso) / ¿Por qué la gente mala va al infierno? (José María) / ¿Por qué hay personas que quieren ir al infierno? (Luis)

El infierno es un lugar horrible que inauguraron los ángeles que se separaron de Dios y se convirtieron en demonios. Es un lugar sin Dios y, por tanto, sin amor. Es donde van las personas que han decidido que no quieren amar a Dios ni a los demás, que niegan a Dios..., que durante toda su vida se han negado continuamente a hacer el bien y han querido hacer el mal.

Como tenemos libertad, hay personas que eligen el camino equivocado. Pero siempre, siempre, todos tenemos la posibilidad de volver a Dios; los que hacen cosas malas pueden arrepentirse, recomenzar, rectificar, rezar... Dios nos da a todos la oportunidad de salvarnos.

116. ¿Habrá más oportunidades para la gente del infierno? (Santiago)

En principio, hasta donde llega el conocimiento que tenemos, no tendrán más oportunidades. Ellos ya han elegido, y no una vez, sino muchas. Son ellos los que no quieren, y da pena pensar que personas como nosotros han elegido el mal tantas veces. La misericordia de Dios ha intervenido con ellos todas esas veces y ellos la han rechazado.

117. ¿Por qué hay purgatorios? (Lucía)

El purgatorio es un regalo de Dios, porque hay personas que aún no pueden entrar en el cielo, pero tampoco merecen el castigo eterno del infierno. En el purgatorio se limpian y purifican para llegar al cielo.

Dios es el rey de nuestras vidas, es nuestro creador. Si te invitaran al palacio real a ver al Rey, no irías con la ropa sucia o los zapatos rotos, ¿verdad? Pues esto es igual: a Dios lo que más le gusta es ver nuestro corazón limpio de maldad, nuestra alma sin rencores, perezas, soberbias, iras... Si cuando nos morimos tenemos algo de eso, no estamos todavía listos para el cielo. Por muy bueno que sea Dios, se merece que vayamos a su encuentro muy bien preparados, limpios y enamorados, ¿no crees? Si durante el tiempo en la tierra no nos hemos preparado suficientemente bien, Dios nos da la oportunidad de ir al purgatorio a acabar de prepararnos.

118. ¿Te tienes que quedar en el purgatorio muchos años? (Rubí)

Eso es algo difícil de saber... El purgatorio de una persona puede ser muy diferente del de otra, y el tiempo allí se experimenta de manera diferente a como se vive aquí en la tierra. De hecho, unos minutos en el purgatorio pueden parecer años. ¿No te ha ocurrido que tres horas disfrutando con tus amigos se te pasan volando y tres horas haciendo algo que no te gusta se te hacen eternas? Pues esto es lo mismo...

Pero tenemos una oportunidad buenísima de ayudarnos unos a otros. En la Iglesia hay tres equipos: los del cielo, los de la tierra y los del purgatorio. A eso se llama «comunión de los santos», tres equipos en los que unos cuidan de otros y todos nos ayudamos.

Los del cielo no necesitan ayuda de nadie, son unos suertudos que ya ven a Dios cara a cara, pero nos pueden ayudar a los de la tierra (como cuando le pides un favor a un santo).

Los de la tierra ¡podemos ayudar a los del purgatorio a quitarse años de sufrimiento e irse al cielo antes! ¿Lo sabías? Hay varias maneras (se llama «ofrecer sufragios»): ofreciendo la Misa por ellos, rezando, ofreciendo sufrimientos...

Los del purgatorio están esperando y les vienen muy bien las oraciones que hacemos por ellos. Por ejemplo, cuando rezamos por alguien cercano que acaba de fallecer, por los que más lo necesitan, por los que nadie reza, por algún famoso que piensas que puede estar allí, por gente que muere en accidentes, guerras o atentados... Es algo buenísimo rezar por las almas del purgatorio. Ellas también pueden ayudarnos a cambio de esas oraciones y ofrecimientos. ¡Están deseando hacerlo! Por ejemplo... imagínate que no encuentras los tacos de fútbol: estabas convencido de que estaban en la mochila y no aparecen. Hay un truco muy bueno que es pedir a un alma del purgatorio «especializada» que te ayude, como un futbolista que esté en el purgatorio (puedes rezar en tu interior y decir: «Eh... ¿hay algún futbolista en el purgatorio que me quiera ayudar? ¿Sí, ya estás? Voy a rezar por ti y ofrecer la siguiente Misa a la que vaya por ti, pero me tienes que ayudar a encontrar las botas del fútbol antes de mañana, que tengo partido»).

119. ¿Por qué la Virgen nos recoge del purgatorio cuando tenemos el escapulario? (Dulce) / ¿Por qué la Virgen nos recoge el sábado cuando tenemos escapulario si hemos muerto? (Emma)

La Virgen es nuestra madre y nos cuida. Somos sus preferidos y nos quiere ayudar a llegar al cielo como sea... Ella consigue de Jesús, su hijo, los favores que no conseguiríamos de otra manera. Cuando una Madre tan buena pide algo a un Hijo tan bueno... ¿crees que el Hijo se va a negar? La Virgen nos quiere muy muy cerca de Jesús, así que ha conseguido ese gran favor de su Hijo: cuando llevamos el escapulario puesto nos ha prometido llevarnos al cielo enseguida, el sábado siguiente.

Llevar el escapulario no es una superstición ni una costumbre bonita, tiene que ser mucho más: tiene que ser para nosotros una manera de tener presente a la Virgen, hablarle durante el día, demostrarle nuestro cariño... y por ese amor que le manifestamos, ella nos recogerá de nuestro sufrimiento y nos llevará de la mano con Jesús.

14. ¿Por qué todos tenemos que morir?

120. ¿Por qué nos da miedo la muerte? (Alejandra)

A todos nos da miedo lo desconocido. Lo más desconocido que tenemos las personas es la muerte, pues nadie nos ha contado cómo es, lo que ocurre, lo que se siente. Como no sabemos cómo es, cómo será nuestra alma sin cuerpo, cómo será el juicio, tenemos miedo. Hay personas a las que les da más miedo, a otras menos. Una manera de tener menos miedo es hacer las cosas muy bien, querer mucho a Jesús y a los demás, y saber que Jesús y la Virgen nos están esperando para disfrutar en el cielo; seguro que eso nos quitará el miedo. Tenemos que ver la muerte como un paso más en nuestro camino hacia el cielo, y no tenerle miedo, pues nos espera la felicidad verdadera.

121. ¿Por qué nos tenemos que morir si es malo? (Carlos) / ¿Por qué cuando somos ancianos nos tenemos que morir? (Daniela) / ¿Por qué sí o sí tenemos que morirnos? (Ydalia)

¡Morir no es malo! Morir es el fin del cuerpo y el comienzo de la verdadera vida. Estamos hechos para el cielo, no para esta vida en la tierra. La vida en la tierra es estupenda, pero es una preparación para la mucho más maravillosa vida eterna en el cielo.

Lo normal es morir de ancianos, pero también se puede morir antes por accidente, enfermedad o cuando nos llegue el momento. Todos moriremos en el momento que tengamos que hacerlo, ni antes ni después, porque es para lo que está destinada nuestra alma, para ir al cielo. Y el paso por la tierra es la manera de conseguirlo. Es como una gymkana de pruebas que al final, siempre, tiene su recompensa el que ha amado y ha hecho las cosas bien, el que ha luchado y el que ha recomenzado cada vez que se ha caído.

122. ¿Por qué Dios no impide que nos maten? (Claudia)

Dios no puede forzar nuestra libertad. Los hombres podemos hacer lo que queramos... y muchos hacen cosas que están mal, pero Dios no puede evitarlo porque eso sería quitarnos nuestra libertad. Algunas personas eligen uno de los peores males que puede haber: matar a los demás. Dios les ha dado la misma libertad que a nosotros, que al resto... y si les evita hacer eso, les está quitando la libertad que les ha dado. Pero, de nuevo, no podemos dudar de la misericordia de Dios, que tiene predilección por las almas inocentes que mueren injustamente a manos de otras personas que han hecho el mal.

123. ¿Por qué las personas que mueren no resucitan? (Aitana) / ¿Por qué Dios no resucita a la gente que muere? (José Antonio)

Dios va a resucitarnos a todos cuando llegue el final de los tiempos, nos lo ha dicho cuando resucitó Él. Tenemos que esperar a que se completen todas las personas que tienen que estar en el cielo. Mientras tanto, al morir es nuestra alma la que está en el cielo.

Dios tiene unos planes mucho más chulos para nosotros que los que podamos imaginar, y se escapan al mejor de nuestros sueños: estar con Él en el cielo, disfrutar de la vida eterna que Él nos ha preparado... será mucho mejor que cualquier plan que tengamos los hombres con nuestra cabeza de hombres.

124. ¿Por qué Dios creó las enfermedades y las alergias? (Irene)

Dios no creó las enfermedades ni las alergias, son fruto de la debilidad del cuerpo humano tras el pecado. Cuando nuestros primeros padres estaban en el paraíso terrenal y cometieron el pecado original, se «degradaron», sus cuerpos se debilitaron. A partir de ese momento, el trabajo costaría esfuerzo, cuando la mujer tuviera un hijo, sería con dolor... y en el cuerpo se sufrirían enfermedades. Las enfermedades y las alergias, a menudo, son fruto de la debilidad de nuestro cuerpo.

Agradecimientos

Con la ayuda de un pequeño equipo, en el que hay profesores, sacerdotes, padres y madres de familia, hemos intentado responder a todas estas inquietudes, y hay que decir que los primeros beneficiados hemos sido nosotros mismos. He de agradecer a Carmen L., Eduardo, Carmen M., Arturo, Begoña, Miguel Ángel, Santiago, José y Enrique su trabajo. Y he de agradecer especialmente a las alumnas de 3º y 4º de Primaria de la promoción 2023-2024 del Colegio Los Tilos, donde soy capellán, por abrir su corazón y su alma.

La confesión
para niños

Ilustrado por Sara Ramiro

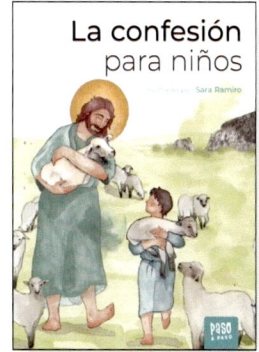

Con la Virgen
de Fátima

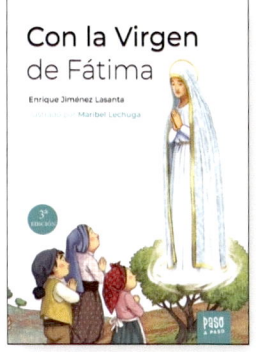

Enrique Jiménez Lasanta

Ilustrado por Maribel Lechuga

3ª edición

Héroes y heroínas
de las virtudes
humanas

Enrique Jiménez Lasanta

Ilustrado por Maribel Lechuga

4ª edición